Bilingual Fairy Tales in Spanish and English

A Story Collection from Charles Perrault, James Planché, and Teodoro Baró y Sureda

Edited and modernized by

My Daily Spanish

No part of this book, including the audio material, may be copied, reproduced, transmitted, or distributed, in any form, without the prior written permission of the author. For permission requests, write to: support@mydailyspanish.com

Also available:

Spanish Short Stories for Beginners (https://geni.us/spanishbookbeginner)

Children's Stories in Dual Language Spanish & English (https://geni.us/bedspan1)

Bilingual Spanish-English Children Stories (https://geni.us/bedspa2)

Learn Spanish for Children through Stories (https://geni.us/bedspa3)

For more products by My Daily Spanish, visit:

https://store.mydailyspanish.com/

"If you want your children to be intelligent, read them fairy tales. If you want them to be very intelligent, read them more fairy tales."

- Albert Einstein

TABLE OF CONTENTS

INTRODUCTION

There was once a mother who asked Albert Einstein what books her child should read to become a successful scientist.

"Fairy tales," came Einstein's reply.

Unsure about his answer, she asked again, "What other books should I read to him *after* that?"

"More fairy tales," Einstein replied.

You see, fairy tales expand imaginations and shape young minds to think outside the box. Stories of faraway lands push the boundaries of thinking and trigger a creative mindset among young children. Fairy tales also teach children about the consequences of wrong decisions, as well as giving them a strong sense of what is right and wrong. But, more importantly, fairy tales make reading fun, and pave the way for a lifelong love of reading.

Reading as a Way to Learn a Language

Reading can be a fun way to practice learning a language. You will gain new vocabulary quickly and even pick up grammar structures naturally. With a good reading habit – something that can be nurtured with the right reading materials – you will be able to polish your language skills so much more easily than when trying to memorize vocabulary and grammar rules step by step.

Boost Your Spanish and English through Reading Fairy Tales

This book contains eleven different fairy tales written in Spanish and English. Some of these fairy stories you might already be familiar with and some may be new to you. But one thing is for sure, these aren't only for children, they're for adults, too!

If you are trying to boost your Spanish language skills – or perhaps your English – these stories written in dual language will be an enjoyable resource to help you gain new vocabulary and familiarize yourself with sentence structures.

For young readers, these fairy tales will be perfect reading material to help them grow up to be bilingual, while also enhancing their imagination and instilling in them a love for reading.

Improve Your Listening Skills with the Spanish and English Audio

Aside from reading them, you can also listen to the fairy tales, as this book comes with audio in both Spanish and English.

Read along with the stories while you listen, listen to the stories with your children during bedtime, or listen to the audio wherever and whenever you like, the choice is yours. But regardless of how you wish to use the audio, the important thing is you will be able to listen to native speakers narrate the stories and be able to practice your listening and pronunciation skills.

Are you ready to start reading and listening to the fairy tales? Let's begin.

How can you download the audio?

To get your copy of the audio, please proceed to the last page of this book (Page 157). You will find a link there where you can download a copy of the audio files. Save the audio on any device and listen to it anywhere, anytime – on the road or at home in your pajamas. You can also read the next page for advice on how to use the audio files effectively.

Thank you,

My Daily Spanish Team

While you can choose your own way of enjoying this book, we have prepared some advice on how you can take full advantage of it and maximize your learning and enjoyment.

1. **Don't try to understand everything the first time around.**

    As a beginner, your Spanish or English skills will take time to develop. You may not understand everything. That's OK. Don't give up or get frustrated just because you are stuck on one word. We have tried to provide as much vocabulary as possible to help you understand the stories. If one word confuses you, just skip it and continue reading.

2. **Beware of direct translation.**

    You may have already learned some individual Spanish or English words separately. Sometimes, though, when these words are put together, the meaning completely changes. Be careful not to translate word for word.

QUICK DISCLAIMER:

The fairy tales included in this book are based on the original texts as they were first written by the original authors. You might come across some words and translations that may already be deemed archaic by today's standards. This is to preserve the authenticity of the language used by the authors.

Thank you,

My Daily Spanish Team

Important! The link to download the AUDIO FILES is available at the end of this book. (Page 157)

HISTORIA 1: EL PATITO FEO
STORY 1: THE UGLY DUCKLING

<u>**IMPORTANT: Please check at the end of the book how you can download the audio.**</u>

¡Qué lindos eran los días de verano! ¡Qué agradable resultaba pasear por el campo y ver el trigo amarillo, la verde avena y las parvas de heno apilado en las llanuras! Sobre sus largas patas rojas iba la cigüeña junto a algunos flamencos, que se paraban un rato sobre cada pata. Sí, era realmente encantador estar en el campo. Bañada de sol se alzaba allí una vieja mansión solariega a la que rodeaba un profundo foso; desde sus paredes hasta el borde del agua crecían unas plantas de hojas gigantescas, las mayores de las cuales eran lo suficientemente grandes para que un niño pequeño pudiese pararse debajo de ellas. Aquel lugar resultaba tan enmarañado y agreste como el más denso de los bosques, y era allí donde cierta pata había hecho su nido. Ya era tiempo de sobra para que naciesen los patitos, pero se demoraban tanto, que la mamá comenzaba a perder la paciencia, pues casi nadie venía a visitarla.

IT was a lovely summer's day in the country, and the golden corn, the green oats, and the haystacks in the meadows looked beautiful. The stork walking about on his long red legs chattered in Egyptian, a language he'd learnt from his mother. The cornfields and meadows were surrounded by large forests, with deep pools. It was certainly lovely, being able to walk about in the country. Near a deep river in a sunny spot there was a nice old farmhouse, and great big burdock leaves were growing all the way from the house to the water, and they were so high that a small child could stand upright under the tallest of them. The spot was as wild as the middle of a thick wood. In this snug retreat a duck was sitting on her nest, waiting for her young brood to hatch. She was beginning to get a bit fed up, as the little ones were a long time coming out of their shells, and she didn't have many visitors.

Al fin los huevos se abrieron uno tras otro. "¡Pip, pip!", decían los patitos conforme iban asomando sus cabezas a través del cascarón.

-¡Cuac, cuac! -dijo la mamá pata, y todos los patitos se apresuraron a salir tan rápido como pudieron, dedicándose enseguida a escudriñar entre las verdes hojas. La mamá los dejó hacer, pues el verde es muy bueno para los ojos.

-¡Oh, qué grande es el mundo! -dijeron los patitos. Y ciertamente disponían de un espacio mayor que el que tenían dentro del huevo.

-¿Creen acaso que esto es el mundo entero? -preguntó la pata-. Pues sepan que se extiende mucho más allá del jardín, hasta el prado mismo del pastor, aunque yo nunca me he alejado tanto.

The other ducks always preferred swimming about on the river to climbing the slippery banks to sit under a burdock leaf and gossip with her. Eventually one shell cracked, and then another, and from each egg came a living creature that lifted its head and cried, "Peep, peep."

"Quack, quack," said the mother, and then they all gave their best quacks and looked around at the large green leaves. Their mother let them look as much as they liked, because green is good for the eyes. "The world is really big," the young ducks said when they found how much more room they had now compared with inside their shell. "Do you think this is the whole world?" asked the mother. "Wait till you've seen the garden: it stretches far beyond there as far as the parson's field, but I've never actually gone that far."

Bueno, espero que ya estén todos -agregó, levantándose del nido-. ¡Ah, pero si todavía falta el más grande! ¿Cuánto tardará aún? No puedo entretenerme con él mucho tiempo.

Y fue a sentarse de nuevo en su sitio.

-¡Vaya, vaya! ¿Cómo anda eso? -preguntó una pata vieja que venía de visita.

"So, I hope you're all out," she continued, getting up. "No, I declare, the largest egg is still there. I wonder how long this will last, I can't take much more of this," and she sat back down on the nest.

"Well, how are you getting on?" asked an old duck who came to visit.

-Ya no queda más que este huevo, pero tarda tanto... -dijo la pata echada-. No hay forma de que rompa. Pero fíjate en los otros, y dime si no son los patitos más lindos que se hayan visto nunca. Todos se parecen a su padre, el muy bandido. ¿Por qué no vendrá a verme?

-Déjame echar un vistazo a ese huevo que no acaba de romper -dijo la anciana-. Te apuesto a que es un huevo de pava. Así fue como me engatusaron cierta vez a mí. ¡El trabajo que me dieron aquellos pavitos! ¡Imagínate! Le tenían miedo al agua y no había forma de hacerlos entrar en ella. Yo graznaba y los picoteaba, pero de nada me servía... Pero, vamos a veresehuevo...

"One egg hasn't hatched yet," said the duck, "and it doesn't look like it's going to either. Just look at all the others, aren't they the prettiest little ducklings you ever saw? They are the image of their father, but he's wicked. Why doesn't he ever come to see me?"

"Let me see the egg that won't break," said the duck. "I have no doubt it's a turkey's egg. I was talked into hatching some once, and after all the care and trouble I went to with the young ones, they were afraid of the water. I quacked and clucked, but it did no good. I couldn't get them to go in. Let me look at the egg."

-Creo que me quedaré sobre él un ratito aún -dijo la pata-. He estado tanto tiempo aquí sentada, que un poco más no me hará daño.

-Como quieras -dijo la pata vieja, y se alejó contoneándose.

"Yes, that's a turkey's egg; take my advice, leave it where it is and teach the other children to swim."

"I think I'll sit on it a little while longer," said the duck. "I've been sitting for such a long time already, so a few days more won't matter."

"Please yourself," said the old duck, and she went away.

Por fin se rompió el huevo. "¡Pip, pip!", dijo el pequeño, volcándose del cascarón. La pata vio lo grande y feo que era, y exclamó:

-¡Dios mío, qué patito tan enorme! No se parece a ninguno de los otros. Y, sin embargo, me atrevo a asegurar que no es ningún crío de pavos.

Al otro día hizo un tiempo maravilloso. El sol resplandecía en las verdes hojas gigantescas. La mamá pata se acercó al foso con toda su familia y, ¡plaf!, saltó al agua.

-¡Cuac, cuac! -llamaba. Y uno tras otro los patitos se fueron abalanzando tras ella. El agua se cerraba sobre sus cabezas, pero enseguida resurgían flotando magníficamente. Movíanse sus patas sin el menor esfuerzo, y a poco estuvieron todos en el agua. Hasta el patito feo y gris nadaba con los otros.

The large egg cracked eventually, and a young thing crept out crying, "Peep, peep." It was very large and ugly. The duck stared at it and exclaimed, "It's huge and not at all like the others. I wonder if it really is a turkey. We'll soon find it out, though, when we go to the water. It has to go in, even if I have to push it in myself."

The next day the weather was delightful, and the sun shone brightly on the green burdock leaves, so the mother duck took her young family down to the water, and jumped in with a splash. "Quack, quack," she cried, and one after the other the little ducklings jumped in. The water closed over their heads, but they came up again in an instant. They swam about quite prettily with their legs paddling easily underneath them, and the ugly duckling was in the water swimming with them too.

-No es un pavo, por cierto -dijo la pata-. Fíjense en la elegancia con que nada, y en lo derecho que se mantiene. Sin duda que es uno de mis pequeñitos. Y si uno lo mira bien, se da cuenta enseguida de que es realmente muy guapo. ¡Cuac, cuac! Vamos, vengan conmigo y déjenme enseñarles el mundo y presentarlos al corral entero. Pero no se separen mucho de mí, no sea que los pisoteen. Y anden con los ojos muy abiertos, por si viene el gato.

Y con esto se encaminaron al corral. Había allí un escándalo espantoso, pues dos familias se estaban peleando por una cabeza de anguila, que, a fin de cuentas, fue a parar al estómago del gato.

-¡Vean! ¡Así anda el mundo! -dijo la mamá relamiéndose el pico, pues también a ella la entusiasmaban las cabezas de anguila-. ¡A ver! ¿Qué pasa con esas piernas?

"Oh," said the mother, "he isn't a turkey. He uses his legs really well, and he holds himself quite upright! He is my child, and he's not so ugly after all if you look at him properly. Quack, quack! Come with me now, I'll introduce you to the world, and to the farmyard, but you must keep close so you don't get trodden on; and, above all, beware of the cat." When they reached the farmyard, there was a great disturbance: two families were fighting for an eel's head, which had been carried off by the cat. "See, children, that is the way of the world," said the mother duck, licking her beak because she would have liked the eel's head herself. "Come on then, let me see how well you can use your legs."

Anden ligeros y no dejen de hacerle una bonita reverencia a esa anciana pata que está allí. Es la más fina de todos nosotros. Tiene en las venas sangre española; por eso es tan regordeta. Fíjense, además, en que lleva una cinta roja atada a una pierna: es la más alta distinción que se puede alcanzar. Es tanto como decir que nadie piensa en deshacerse de ella, y que deben respetarla todos, los animales y los hombres. ¡Anímense y no metan los dedos hacia adentro! Los patitos bien educados los sacan hacia afuera, como mamá y papá… Eso es. Ahora hagan una reverencia y digan ¡cuac!

Todos obedecieron, pero los otros patos que estaban allí los miraron con desprecio y exclamaron en alta voz:

-¡Vaya! ¡Como si ya no fuésemos bastantes! Ahora tendremos que rozarnos también con esa gentuza. ¡Uf!… ¡Qué patito tan feo! No podemos soportarlo.

Y uno de los patos salió enseguida corriendo y le dio un picotazo en el cuello.

"You must bow your heads prettily to that old duck over there. She's the highest born of them all, and she has Spanish blood, which means she's well off. Can you see she has a red ribbon tied to her leg? That says she's very grand, and it's a great honor for a duck. It shows that no-one wants to lose her, and she can be recognized by both man and animals. Come, now, don't walk with your toes turned in, a well-bred duckling spreads his feet wide apart, just like his father and mother, like this. Now, bow your head and say 'quack.'" The ducklings did as they were told, but a duck stared at them and said, "Look, here comes another brood. Aren't there enough of us already? And what a queer looking thing one of them is. We don't want him here." At this point one duck flew out and bit him on the neck.

-¡Déjenlo tranquilo! -dijo la mamá-. No le está haciendo daño a nadie.

-Sí, pero es tan desgarbado y extraño -dijo el que lo había picoteado-, que no quedará más remedio que despachurrarlo.

-¡Qué lindos niños tienes, muchacha! -dijo la vieja pata de la cinta roja-. Todos son muy hermosos, excepto uno, al que le noto algo raro. Me gustaría que pudieras hacerlo de nuevo.

-Eso ni pensarlo, señora -dijo la mamá de los patitos-. No es hermoso, pero tiene muy buen carácter y nada tan bien como los otros, y me atrevería a decir que hasta un poco mejor. Espero que tome mejor aspecto cuando crezca y que, con el tiempo, no se le vea tan grande. Estuvo dentro del cascarón más de lo necesario, por eso no salió tan bello como los otros.

Y con el pico le acarició el cuello y le alisó las plumas.

-De todos modos, es macho y no importa tanto -añadió-, Estoy segura de que será muy fuerte y se abrirá camino en la vida.

-Estos otros patitos son encantadores -dijo la vieja pata-. Quiero que se sientan como en su casa. Y si por casualidad encuentran algo así como una cabeza de anguila, pueden traérmela sin pena.

"Leave him alone," said the mother, "he isn't doing any harm."

"I know, but he's so big and ugly," said the spiteful duck "so he has to be thrown out."

"The others are very pretty children," said the old duck, the one with the ribbon on her leg. "All but that one. I wish his mother could do something to make him look nicer."

"That's impossible, your grace," replied the mother. "I know he isn't pretty, but he has a very nice nature, and swims as well as or even better than the others. I think he'll grow up pretty, and perhaps he'll seem smaller. He stayed too long in the egg, and so his body isn't properly formed." And then she stroked his neck and smoothed his feathers, saying, "He's a drake, and so it isn't that important. I think he'll grow up to be strong, and able to take care of himself."

"The other ducklings are graceful enough," said the old duck. "Now, make yourself at home, and if you can find an eel's head, bring it to me."

Con esta invitación todos se sintieron allí a sus anchas. Pero el pobre patito que había salido el último del cascarón, y que tan feo les parecía a todos, no recibió más que picotazos, empujones y burlas, lo mismo de los patos que de las gallinas.

-¡Qué feo es! -decían.

Y el pavo, que había nacido con las espuelas puestas y que se consideraba por ello casi un emperador, infló sus plumas como un barco a toda vela y se le fue encima con un cacareo, tan estrepitoso que toda la cara se le puso roja. El pobre patito no sabía dónde meterse. Sentíase terriblemente

abatido, por ser tan feo y porque todo el mundo se burlaba de él en el corral.

Así pasó el primer día. En los días siguientes, las cosas fueron de mal en peor. El pobre patito se vio acosado por todos. Incluso sus hermanos y hermanas lo maltrataban de vez en cuando y le decían:

-¡Ojalá te agarre el gato, grandulón!

Hasta su misma mamá deseaba que estuviese lejos del corral. Los patos lo pellizcaban, las gallinas lo picoteaban y, un día, la muchacha que traía la comida a las aves le asestó un puntapié.

Entonces el patito huyó del corral. De un revuelo saltó por encima de la cerca, con gran susto de los pajaritos que estaban en los arbustos, que se echaron a volar por los aires.

And so, having been invited in, they made themselves comfortable. The poor duckling, the one who had climbed out of his shell last of all and who looked so ugly, was bitten and pushed and made fun of, not only by the ducks, but by all the poultry. "He is too big," they all said, and a turkey cock who had been born into the world with spurs on his heels and who fancied himself as some sort of emperor, puffed himself out like a ship in full sail, and flew at the ugly duckling. He went quite red in the face with passion and the poor little thing didn't know where to go. He was just so miserable because he was really ugly and laughed at by all the animals in the farmyard. And so it went on, day to day, getting worse and worse. The poor duckling was bullied by everyone; even his brothers and sisters were unkind to him, and would say, "Ah, you ugly creature, I wish the cat would get you." And even his mother said she wished he had never been born. The ducks pecked him, the chickens beat him, and the girl who fed the poultry kicked him with her feet. So, eventually, he ran away, frightening the little birds in the hedges as he flew through the air.

"¡Es porque soy tan feo!" pensó el patito, cerrando los ojos. Pero así y todo siguió corriendo hasta que, por fin, llegó a los grandes pantanos donde viven los patos salvajes, y allí se pasó toda la noche abrumado de cansancio y tristeza.

A la mañana siguiente, los patos salvajes remontaron el vuelo y miraron a su nuevo compañero.

-¿Y tú qué cosa eres? -le preguntaron, mientras el patito les hacía reverencias en todas direcciones, lo mejor que sabía.

-¡Eres más feo que un espantapájaros! -dijeron los patos salvajes-. Pero eso no importa, con tal que no quieras casarte con una de nuestras hermanas.

"They are afraid of me because I am ugly," he said, closing his eyes. He flew on further until he came to a large moor, where lots of wild ducks lived. He stayed here for a night, feeling very tired and sorry for himself.

In the morning, when the wild ducks flew up into the air, they stared down at their new comrade. "What sort of a duck are you?" they all asked, flying round him.

He bowed to them, and was as polite as he could be, but he did not answer their question. "You are very ugly," said the wild ducks, "but that doesn't matter as long as you don't want to marry anyone from our family."

¡Pobre patito! Ni soñaba él con el matrimonio. Sólo quería que lo dejasen estar tranquilo entre los juncos y tomar un poquito de agua del pantano.

Unos días más tarde aparecieron por allí dos gansos salvajes. No hacía mucho que habían dejado el nido: por eso eran tan impertinentes.

-Mira, muchacho -comenzaron diciéndole-, eres tan feo que nos caes simpático. ¿Quieres emigrar con nosotros? No muy lejos, en otro pantano, viven unas gansitas salvajes muy presentables, todas solteras, que saben graznar espléndidamente. Es la oportunidad de tu vida, feo y todo como eres.

Poor thing! He hadn't even thought about marriage. All he wanted was permission to lie down among the rushes, and drink some of the water on the moor. After two days, two wild geese came to the moor. Actually, they were goslings as they hadn't been hatched for very long, and they were very rude. "Listen, friend," one of them said to the duckling, "you are so ugly that we like you. Will you emigrate with us? Not far from here there's another moor and there are some pretty wild geese there, all of them unmarried. It is a great chance for you to find a wife. You might be lucky, ugly as you are."

-¡Bang, bang! -se escuchó en ese instante por encima de ellos, y los dos gansos cayeron muertos entre los juncos, tiñendo el agua con su sangre. Al eco de nuevos disparos se alzaron del pantano las bandadas de gansos salvajes, con lo que menudearon los tiros. Se había organizado una importante cacería y los tiradores rodeaban los pantanos; algunos hasta se habían sentado en las ramas de los árboles que se extendían sobre los juncos.

"Bang, bang," was heard in the air, and at that very moment the two wild geese fell dead among the rushes, coloring the water with their blood. The bang echoed far and wide in the distance, and whole flocks of wild geese rose up from the rushes. The bangs kept coming from every direction, because the shooters surrounded the moor, and some were even sitting on the branches of trees around the rushes.

Nubes de humo azul se esparcieron por el oscuro boscaje, y fueron a perderse lejos, sobre el agua.

Los perros de caza aparecieron chapaleando entre el agua, y, a su avance, doblándose aquí y allá las cañas y los juncos. Aquello aterrorizó al pobre patito feo, que ya se disponía a ocultar la cabeza bajo el ala cuando apareció junto a él un enorme y espantoso perro: la lengua le colgaba fuera de la boca y sus ojos miraban con brillo temible. Le acercó el hocico, le enseñó sus agudos dientes, y de pronto... ¡plaf!... ¡allá se fue otra vez sin tocarlo!

El patito dio un suspiro de alivio.

-Por suerte soy tan feo que ni los perros tienen ganas de comerme -se dijo. Y se tendió allí muy quieto, mientras los perdigones repiqueteaban sobre los juncos, y las descargas, una tras otra, atronaban los aires.

The blue smoke from the guns rose like clouds over the dark trees, and as it floated away across the water, a number of hunting dogs bounded into the rushes, which gave way beneath them. They really terrified the poor duckling! He turned his head to hide it under his wing, and just at that moment a large terrible dog passed quite near him. His jaws were open, his tongue hung from his mouth, and his eyes glared scarily. He thrust his nose close to the duckling, showing his sharp teeth, and then, "Splash, splash," off he went into the water without even touching him.

"Oh," sighed the duckling with relief. "Now I'm glad I'm so ugly; even a dog doesn't want to eat me." And he lay quite still, while shots rang out through the rushes and gun after gun was fired over him.

Era muy tarde cuando las cosas se calmaron, y aún entonces el pobre no se atrevía a levantarse. Esperó todavía varias horas antes de arriesgarse a echar un vistazo, y, en cuanto lo hizo, enseguida se escapó de los pantanos tan rápido como pudo. Echó a correr por campos y praderas; pero hacía tanto viento, que le costaba no poco trabajo mantenerse sobre sus pies.

Hacia el crepúsculo llegó a una pobre cabaña campesina. Se sentía en tan mal estado que no sabía de qué parte caerse, y, en la duda, permanecía de pie. El viento soplaba tan ferozmente alrededor del patito que éste tuvo que sentarse sobre su propia cola, para no ser arrastrado. En eso notó que una de las bisagras de la puerta se había caído, y que la hoja colgaba con una inclinación tal que le sería fácil filtrarse por la estrecha abertura. Y así lo hizo.

It was very late when things quietened down, but even then the poor young thing didn't dare move. He waited quietly for several hours, and then, after looking around carefully, he left the moor as fast as he could. He ran over field and meadow until a storm started up and he could hardly move through it. Towards evening, he reached a poor little cottage that looked as if it might fall down, and was only standing because it couldn't decide which side should fall down first. The storm was so violent that the duckling couldn't go any further. He sat down by a cottage, and then noticed that its door wasn't quite closed because one of the hinges had given way. There was a narrow opening near the bottom of the door which was large enough for him to slip through, and which he did very quietly, to find some shelter for the night.

En la cabaña vivía una anciana con su gato y su gallina. El gato, a quien la anciana llamaba "Hijito", sabía arquear el lomo y ronronear; hasta era capaz de echar chispas si lo frotaban a contrapelo. La gallina tenía unas patas tan cortas que le habían puesto por nombre "Chiquitita

Piernascortas". Era una gran ponedora y la anciana la quería como a su propia hija.

Cuando llegó la mañana, el gato y la gallina no tardaron en descubrir al extraño patito. El gato lo saludó ronroneando y la gallina con su cacareo.

An old woman, a cat and a hen lived in this cottage. The cat, who was called, "My little son," by the old lady, was a great favorite; he could raise his back, and purr, and could even throw sparks out from his fur if he were stroked the wrong way. The hen had very short legs, so she was called "Chicken short legs." She laid good eggs, and her mistress loved her as if she had been her own child. In the morning, the strange visitor was discovered, and the cat began to purr, and the hen to cluck.

-Pero, ¿qué pasa? -preguntó la vieja, mirando a su alrededor. No andaba muy bien de la vista, así que se creyó que el patito feo era una pata regordeta que se había perdido-. ¡Qué suerte! -dijo-. Ahora tendremos huevos de pata. ¡Con tal que no sea macho! Le daremos unos días de prueba.

Así que al patito le dieron tres semanas de plazo para poner, al término de las cuales, por supuesto, no había ni rastros de huevo. Ahora bien, en aquella casa el gato era el dueño y la gallina la dueña, y siempre que hablaban de sí mismos solían decir: "nosotros y el mundo", porque opinaban que ellos solos formaban la mitad del mundo , y lo que es más, la mitad más importante. Al patito le parecía que sobre esto podía haber otras opiniones, pero la gallina ni siquiera quiso oírlo.

"What's going on?" asked the old woman, looking round the room, although her sight was not very good. So, when she saw the duckling, she thought it must be a fat duck that had strayed from home. "Oh, what a prize!" she exclaimed, "I hope it is not a drake, because then I'll have some duck's eggs. I must wait and see." So, the duckling was allowed to stay for three weeks to see what happened, but there were no eggs. Now the cat was the master of the house, and the hen was mistress, and they always said, "We and the world," as they believed themselves to be half the world, and the better half at that. The duckling thought that others might have a different opinion on the subject, but the hen wouldn't listen to such thoughts.

-¿Puedes poner huevos? -le preguntó.

-No.

-Pues entonces, ¡cállate!

Y el gato le preguntó:

-¿Puedes arquear el lomo, o ronronear, o echar chispas?

-No.

-Pues entonces, guárdate tus opiniones cuando hablan las personas sensatas.

Con lo que el patito fue a sentarse en un rincón, muy desanimado. Pero de pronto recordó el aire fresco y el sol, y sintió una nostalgia tan grande de irse a nadar en el agua que -¡no pudo evitarlo!- fue y se lo contó a la gallina.

"Can you lay eggs?" she asked.

"No."

"Then have the goodness to hold your tongue."

"Can you raise your back, or purr, or throw out sparks?" asked the cat. "No." "Then you have no right to express an opinion when sensible people are speaking." So, the duckling sat in a corner, feeling very low indeed, until the sunshine and the fresh air entered the room through the open door. Then he began to feel such a great longing for a swim on the water that he couldn't help telling the hen.

-¡Vamos! ¿Qué te pasa? -le dijo ella-. Bien se ve que no tienes nada que hacer; por eso piensas tantas tonterías. Te las sacudirías muy pronto si te dedicaras a poner huevos o a ronronear.

-¡Pero es tan sabroso nadar en el agua! -dijo el patito feo-. ¡Tan sabroso zambullir la cabeza y bucear hasta el mismo fondo! -Sí, muy agradable -dijo la gallina-. Me parece que te has vuelto loco. Pregúntale al gato, ¡no hay nadie tan listo como él! ¡Pregúntale a nuestra vieja ama, la mujer más sabia del mundo! ¿Crees que a ella le gusta nadar y zambullirse?

-No me comprendes -dijo el patito.

"What a stupid idea," said the hen. "You have nothing better to do so you have daft fancies. If you could purr or lay eggs, you wouldn't have them."

"But it is so delightful to paddle about on the water," said the duckling, "and so refreshing to feel it close over your head when you dive to the bottom."

"Delightful, indeed!" said the hen, "You must be crazy! Ask the cat, he's the cleverest animal I know, ask him how he would like to swim about on the water, or to dive

under it, because I'm not going to give you my own opinion. Ask our mistress, the old woman - there is no one in the world cleverer than her. Do you think she would like to swim, or to let the water close over her head?"

"You don't understand what I'm saying," said the duckling.

-Pues si yo no te comprendo, me gustaría saber quién podrá comprenderte. De seguro que no pretenderás ser más sabio que el gato y la señora, para no mencionarme a mí misma. ¡No seas tonto, muchacho! ¿No te has encontrado un cuarto cálido y confortable, donde te hacen compañía quienes pueden enseñarte? Pero no eres más que un tonto, y a nadie le hace gracia tenerte aquí. Te doy mi palabra de que si te digo cosas desagradables es por tu propio bien: sólo los buenos amigos nos dicen las verdades. Haz ahora tu parte y aprende a poner huevos o a ronronear y echar chispas.

-Creo que me voy a recorrer el ancho mundo -dijo el patito.

"We don't understand you and don't know who does. Do you think you're cleverer than the cat, or the old woman, not to mention me? Don't even think about it, child, and thank your lucky stars that you have been welcomed here. You're in a warm room, and in group who can teach you something, aren't you? But you are a chatterer, and we don't enjoy your company. Believe me, I'm saying this for your own good. I may tell you unpleasant truths, but that is only proof of my friendship. I advise you, therefore, to lay eggs, and learn to purr as quickly as possible."

"I think I should go out into the world again," said the duckling.

-Sí, vete -dijo la gallina.

Y así fue como el patito se marchó. Nadó y se zambulló; pero ningún ser viviente quería tratarse con él por lo feo que era.

Pronto llegó el otoño. Las hojas en el bosque se tornaron amarillas o pardas; el viento las arrancó y las hizo girar en remolinos, y los cielos tomaron un aspecto hosco y frío. Las nubes colgaban bajas, cargadas de granizo y nieve, y el cuervo, que solía posarse en la tapia, graznaba "¡cau,

cau!", de frío que tenía. Sólo de pensarlo le daban a uno escalofríos. Sí, el pobre patito feo no lo estaba pasando muy bien.

"Yes, do," said the hen. So the duckling left the cottage, and soon found some water to swim on and dive in, but other animals didn't go there because it looked ugly. Autumn came, and the leaves in the forest turned to orange and gold. Then, as winter approached, the wind caught them as they fell and whirled them into the cold air. The clouds, full of hail and snow-flakes, hung low in the sky, and a raven stood on the ferns crying, "Croak, croak." You shivered with cold when you looked at him. This was all very sad for the poor little duckling.

Cierta tarde, mientras el sol se ponía en un maravilloso crepúsculo, emergió de entre los arbustos una bandada de grandes y hermosas aves. El patito no había visto nunca unos animales tan espléndidos. Eran de una blancura resplandeciente, y tenían largos y esbeltos cuellos. Eran cisnes. A la vez que lanzaban un fantástico grito, extendieron sus largas, sus magníficas alas, y remontaron el vuelo, alejándose de aquel frío hacia los lagos abiertos y las tierras cálidas.

One evening, just as the sun was setting among the radiant clouds, a large flock of beautiful birds came out of the bushes. The duckling had never seen birds like them before. They were swans. They curved their graceful necks and their soft plumage shone with dazzling whiteness. They uttered an unusual cry, as they spread their glorious wings and flew up and away from these cold parts to warmer lands across the sea.

Se elevaron muy alto, muy alto, allá entre los aires, y el patito feo se sintió lleno de una rara inquietud. Comenzó a dar vueltas y vueltas en el agua lo mismo que una rueda, estirando el cuello en la dirección que seguían, que él mismo se asustó al oírlo. ¡Ah, jamás podría olvidar aquellos hermosos y afortunados pájaros! En cuanto los perdió de vista, se sumergió derecho hasta el fondo, y se hallaba como fuera de sí cuando regresó a la superficie. No tenía idea de cuál podría ser el nombre de aquellas aves, ni de adónde se dirigían, y, sin embargo, eran más importantes para él que todas las que había conocido hasta entonces. No las envidiaba en modo alguno: ¿cómo se atrevería siquiera a soñar que aquel esplendor pudiera pertenecerle? Ya se daría por satisfecho con que los patos lo tolerasen,....

They flew higher and higher in the air, and the ugly little duckling felt quite a strange sensation as he watched them. He whirled himself in the water like a wheel, stretched out his neck towards them, and uttered a cry so strange that it actually frightened him. He would never forget those beautiful, happy birds. And when, at last, they were out of his sight, he dived deep into the water, and then swam up again, almost beside himself with excitement. He didn't know what these birds were called, or where they had flown to, but he felt something for them that he had never felt for any other bird in the world before. He was not envious of these beautiful creatures, but he did want to be as lovely as they were.

¡pobre criatura estrafalaria que era!

¡Cuán frío se presentaba aquel invierno! El patito se veía forzado a nadar incesantemente para impedir que el agua se congelase en torno suyo. Pero cada noche el hueco en que nadaba se hacía más y más pequeño. Vino luego una helada tan fuerte, que el patito, para que el agua no se cerrase definitivamente, ya tenía que mover las patas todo el tiempo en el hielo crujiente. Por fin, debilitado por el esfuerzo, quedose muy quieto y comenzó a congelarse rápidamente sobre el hielo.

Poor ugly creature, he would have lived so happily with the ducks if only they had encouraged him. The winter grew colder and colder, he had to swim about on the water to keep it from freezing, but every night the space he had to swim in became smaller and smaller. Eventually, it froze so hard that the ice in the water crackled as he moved, and the duckling had to paddle with his legs as well as he could, to stop the space closing up. Finally, he was exhausted, and lay still and helpless, frozen fast in the ice.

A la mañana siguiente, muy temprano, lo encontró un campesino. Rompió el hielo con uno de sus zuecos de madera, lo recogió y lo llevó a casa, donde su mujer se encargó de revivirlo.

Los niños querían jugar con él, pero el patito feo tenía terror de sus travesuras y, con el miedo, fue a meterse revoloteando en la paila de

la leche, que se derramó por todo el piso. Gritó la mujer y dio unas palmadas en el aire, y él, más asustado, metiose de un vuelo en el barril de la mantequilla, y desde allí lanzose de cabeza al cajón de la harina, de donde salió hecho una lástima. ¡Había que verlo! Chillaba la mujer y quería darle con la escoba, y los niños tropezaban unos con otros tratando de echarle mano. ¡Cómo gritaban y se reían! Fue una suerte que la puerta estuviese abierta. El patito se precipitó afuera, entre los arbustos, y se hundió, atolondrado, entre la nieve recién caída.

The following morning, a peasant passing by saw what had happened.

He broke the ice into pieces with his wooden shoe and carried the duckling home to his wife. The warmth revived the poor little creature, but when the children wanted to play with him, the duckling thought they would hurt him so he jumped, terrified, and fluttered into the milk-pan, splashing milk around the room. Then the woman clapped her hands and so he was even more frightened. Then he flew into the butter-cask, then into the meal-tub, and then out again. He was in such a mess! The woman screamed and lashed out at him with tongs, and the children laughed and screamed, tumbling over each other trying to catch him. Luckily, though, he escaped. The door stood open and the poor creature just managed to slip out towards the bushes, where he lay down exhausted in the newly fallen snow.

Pero sería demasiado cruel describir todas las miserias y trabajos que el patito tuvo que pasar durante aquel crudo invierno. Había buscado refugio entre los juncos cuando las alondras comenzaron a cantar y el sol a calentar de nuevo: llegaba la hermosa primavera.

Entonces, de repente, probó sus alas: el zumbido que hicieron fue mucho más fuerte que otras veces, y lo arrastraron rápidamente a lo alto. Casi sin darse cuenta, se halló en un vasto jardín con manzanos en flor y fragantes lilas, que colgaban de las verdes ramas sobre un sinuoso arroyo. ¡Oh, qué agradable era estar allí, en la frescura de la primavera! Y en eso surgieron frente a él de la espesura tres hermosos cisnes blancos, rizando sus plumas y dejándose llevar con suavidad por la corriente. El patito feo reconoció a aquellas espléndidas criaturas

que una vez había visto levantar el vuelo, y se sintió sobrecogido por un extraño sentimiento de melancolía.

You would be upset to hear about all the misery and hardships the poor little duckling had to cope with during the hard winter but when it passed, he found himself lying one morning on a moor, amongst the rushes. He felt the warm sun shining, and heard the lark singing, and saw that the beautiful spring had arrived. Then the young bird felt that his wings were strong enough, and he flapped them against his sides. He rose high into the air. His wings carried him onwards and, before he realized what had happened, he found himself in a large garden. The apple trees were in full blossom, and the fragrant branches bent their long green branches down towards the stream winding its way around a smooth lawn. Everything looked beautiful in the freshness of early spring. From a thicket close by came three beautiful white swans, rustling their feathers, and swimming lightly over the smooth water. The duckling remembered the lovely birds he had seen before and, strangely, felt more unhappy than ever.

-¡Volaré hasta esas regias aves! -se dijo-. Me darán de picotazos hasta matarme, por haberme atrevido, feo como soy, a aproximarme a ellas. Pero, ¡qué importa! Mejor es que ellas me maten, a sufrir los pellizcos de los patos, los picotazos de las gallinas, los golpes de la muchacha que cuida las aves y los rigores del invierno.

Y así, voló hasta el agua y nadó hacia los hermosos cisnes. En cuanto lo vieron, se le acercaron con las plumas encrespadas.

-¡Sí, mátenme, mátenme! -gritó la desventurada criatura, inclinando la cabeza hacia el agua en espera de la muerte. Pero, ¿qué es lo que vio allí en la límpida corriente? ¡Era un reflejo de sí mismo, pero no ya el reflejo de un pájaro torpe y gris, feo y repugnante, no, sino el reflejo de un cisne!

"I will fly towards those royal birds," he exclaimed, "but they might kill me because I'm so ugly and am daring to approach them, but it doesn't matter. Better be killed by them than pecked by the ducks, beaten by the hens, pushed about by the woman who feeds the poultry, or die starving hungry in the winter."

Then he flew onto the water and swam towards the beautiful swans. The moment they saw the stranger, they rushed to meet him with outstretched wings.

"Kill me, kill me" said the poor bird, and he bent his head down to the surface of the water, and waited for death. But what did he see in the clear water below? His own image, no longer a dark, gray bird, ugly to look at, but a graceful and beautiful swan.

Poco importa que se nazca en el corral de los patos, siempre que uno salga de un huevo de cisne. Se sentía realmente feliz de haber pasado tantos trabajos y desgracias, pues esto lo ayudaba a apreciar mejor la alegría y la belleza que le esperaban. Y los tres cisnes nadaban y nadaban a su alrededor y lo acariciaban con sus picos.

To be born in a duck's nest, in a farmyard, is of no consequence to a bird, if he's hatched from a swan's egg. He now felt happy to have suffered sorrow and trouble, because it enabled him to enjoy so much more all the pleasure and happiness around him, and the great swans swam around the new-comer, and stroked his neck with their beaks in welcome.

En el jardín habían entrado unos niños que lanzaban al agua pedazos de pan y semillas. El más pequeño exclamó:

-¡Ahí va un nuevo cisne!

Y los otros niños corearon con gritos de alegría:

-¡Sí, hay un cisne nuevo!

Y batieron palmas y bailaron, y corrieron a buscar a sus padres. Había pedacitos de pan y de pasteles en el agua, y todo el mundo decía:

-¡El nuevo es el más hermoso! ¡Qué joven y esbelto es!

Y los cisnes viejos se inclinaron ante él.

Then some little children came into the garden and threw some bread and cake into the water.

"Look," cried the youngest, "there's a new swan." They were all delighted, and ran over to their father and mother, dancing and clapping their hands, and shouting joyfully. "Another swan has come, a new one has arrived." Then they threw more bread and cake into the water, and said, "The new one is the most beautiful of all; he is so young and pretty." And the old swans bowed their heads before him.

Esto lo llenó de timidez, y escondió la cabeza bajo el ala, sin que supiese explicarse la razón. Era muy, pero muy feliz, aunque no había en él ni una pizca de orgullo, pues este no cabe en los corazones bondadosos.

Y mientras recordaba los desprecios y humillaciones del pasado, oía cómo todos decían ahora que era el más hermoso de los cisnes. Las lilas inclinaron sus ramas ante él, bajándolas hasta el agua misma, y los rayos del sol eran cálidos y amables. Rizó entonces sus alas, alzó el esbelto cuello y se alegró desde lo hondo de su corazón:

-Jamás soñé que podría haber tanta felicidad, allá en los tiempos en que era sólo un patito feo.

Then he felt quite embarrassed and hid his head under his wing. He didn't know what to do, he was so happy, but not at all conceited. He had been persecuted and despised for his ugliness, and now he heard them say he was the most beautiful of all the birds. Even the lilacs bent their branches down into the water before him, and the sun shone warm and bright. Then he rustled his feathers, curved his slender neck, and cried joyfully, from the depths of his heart, "I never dreamed of happiness like this when I was an ugly duckling."

FIN

THE END

Érase una mujer, casada con un hombre muy rico, que enfermó, y, presintiendo su próximo fin, llamó a su única hijita y le dijo: "Hija mía, sigue siendo siempre buena y piadosa, y el buen Dios no te abandonará. Yo velaré por ti desde el cielo, y me tendrás siempre a tu lado." Y, cerrando los ojos, murió. La muchachita iba todos los días a la tumba de su madre a llorar, y siguió siendo buena y piadosa. Al llegar el invierno, la nieve cubrió de un blanco manto la sepultura, y cuando el sol de primavera la hubo derretido, el padre de la niña contrajo nuevo matrimonio.

THERE WAS once a woman, married to a rich man, who fell ill, and when she felt she was close to death she called her only daughter to come to her bedside, and said, "Dear child, lead a good and pious life, and God will always take care of you, and I will look down on you from heaven, and will always be by your side." And then she closed her eyes and died. The girl went to her mother's grave every day and wept, and was always pious and good. When the winter came the snow covered the grave with a white covering, and when the sun came in the early spring and melted it away, the girl's father married again.

La segunda mujer llevó a casa dos hijas, de rostro bello y blanca tez, pero negras y malvadas de corazón. Vinieron entonces días muy duros para la pobrecita huérfana. "¿Esta estúpida tiene que estar en la sala con nosotras?" decían las recién llegadas. "Si quiere comer pan, que se lo gane. ¡Fuera, a la cocina!" Le quitaron sus hermosos vestidos, le pusieron una blusa vieja y le dieron un par de zuecos para calzado: "¡Mira la orgullosa princesa, qué compuesta!" Y, burlándose de ella, la llevaron a la cocina. Allí tenía que pasar el día entero ocupada en duros trabajos. Se levantaba de madrugada, iba por agua, encendía el fuego, preparaba la comida, lavaba la ropa. Y, por añadidura, sus hermanastras la sometían a todas las mortificaciones imaginables; se burlaban de ella, le esparcían, entre la ceniza, los guisantes y las

lentejas, para que tuviera que pasarse horas recogiéndolas. A la noche, rendida como estaba de tanto trabajar, en vez de acostarse en una cama tenía que hacerlo en las cenizas del hogar. Y como por este motivo iba siempre polvorienta y sucia, la llamaban Cenicienta.

The new wife brought two daughters with her, and they were beautiful and fair, but evil and wicked too. And so difficult times followed for the poor stepdaughter.

"Is that stupid creature going to sit in the same room as us?" they asked. "Those who eat food have to earn it. She is nothing but a kitchen maid!" They took away her pretty dresses, and gave her an old gray tunic and wooden shoes to wear.

"Just look now at the proud princess, look how she's dressed!" they cried out, laughing. Then they sent her to the kitchen. She was forced to do heavy work from morning until night, to get up early in the morning to fetch water, make fires, cook, and wash. Besides that, the sisters did their utmost to torment her - mocking her, and throwing peas and lentils into the ashes, then making her pick them all out. In the evenings, when she was quite tired after her hard day's work, she didn't have a bed to lie on, but had to settle down on the hearth among the cinders. And because she always looked dusty and dirty, as if she'd actually slept in the cinders, they called her Cinderella.

Un día en que el padre se disponía a ir a la feria, preguntó a sus dos hijastras qué deseaban que les trajese. "Hermosos vestidos," respondió una de ellas. "Perlas y piedras preciosas," dijo la otra. "¿Y tú, Cenicienta," preguntó, "qué quieres?" - "Padre, corta la primera ramita que toque el sombrero, cuando regreses, y tráemela." Compró el hombre para sus hijastras magníficos vestidos, perlas y piedras preciosas; de vuelta, al atravesar un bosquecillo, un brote de avellano le hizo caer el sombrero, y él lo cortó y se lo llevó consigo. Llegado a casa, dio a sus hijastras lo que habían pedido, y a Cenicienta, el brote de avellano. La muchacha le dio las gracias, y se fue con la rama a la tumba de su madre, allí la plantó, regándola con sus lágrimas, y el brote creció, convirtiéndose en un hermoso árbol. Cenicienta iba allí tres veces al día, a llorar y rezar, y siempre encontraba un pajarillo blanco posado en una rama; un pajarillo que, cuando la niña le pedía algo, se lo echaba desde arriba.

Then one day her father was about to set off for the fair, and asked his two stepdaughters what he should bring back for them. "Fine clothes!" said one. "Pearls and jewels!" said the other. "And what would you like, Cinderella?" he asked. "The first twig, Father, that brushes against your hat on the way home, that's what I would like you to bring me." So, he brought his two stepdaughters fine clothes, pearls, and jewels, and on his way home, as he rode through a green lane, a hazel twig brushed against his hat, and he broke it off and carried it home with him. And when he arrived home, he gave the stepdaughters what they'd asked for, and he gave Cinderella the hazel twig. She thanked him, and went to her mother's grave, and planted the twig there, crying so bitterly that her tears fell upon it, watering it, and it flourished and became a fine tree. Cinderella went to see it three times a day, and wept and prayed, and each time a white bird rose up from the tree. And if she made a wish at all, the bird brought her whatever she wished for.

Sucedió que el Rey organizó unas fiestas, que debían durar tres días, y a las que fueron invitadas todas las doncellas bonitas del país, para que el príncipe heredero eligiese entre ellas una esposa. Al enterarse las dos hermanastras que también ellas figuraban en la lista, se pusieron muy contentas. Llamaron a Cenicienta, y le dijeron: "Péinanos, cepíllanos bien los zapatos y abróchanos las hebillas; vamos a la fiesta de palacio." Cenicienta obedeció, aunque llorando, pues también ella hubiera querido ir al baile, y, así, rogó a su madrastra que se lo permitiese. "¿Tú, la Cenicienta, cubierta de polvo y porquería, pretendes ir a la fiesta? No tienes vestido ni zapatos, ¿y quieres bailar?" Pero al insistir la muchacha en sus súplicas, la mujer le dijo, finalmente: "Te he echado un plato de lentejas en la ceniza, si las recoges en dos horas, te dejaré ir." La muchachita, saliendo por la puerta trasera, se fue al jardín y exclamó: "¡Palomitas mansas, tortolillas y avecillas todas del cielo, vengan a ayudarme a recoger lentejas!:

Las buenas, en el pucherito; las malas, en el buchecito."

Now it just so happened that the king organized a celebration that would last for three days, and to which all the beautiful young women in the country were invited, so that the king's son could choose one of them as his bride. When the two stepdaughters heard that they were invited to attend, they were very excited and called Cinderella and said, "Comb our hair, clean our shoes, and tighten our buckles, we're going to the wedding feast at the king's castle." When she heard this, Cinderella couldn't help crying, because she would have liked to go to the dance as well, and she begged her stepmother to let her go.

"What? You Cinderella?" she said, "in all your dust and dirt, you want to go to the party? You have no dress and no shoes! And you want to dance!" But as Cinderella carried on asking, her stepmother eventually said, "I have scattered a dishful of lentils in the ashes, and if you can pick them all up in two hours then you may go with us." So, the young girl went to the back door that led into the garden, and called out, "O gentle doves, O turtledoves, and all the birds that be, the lentils that in ashes lie, come and pick them up for me! The good must be put in a dish, the bad you may eat if you wish."

Y acudieron a la ventana de la cocina dos palomitas blancas, luego las tortolillas y, finalmente, comparecieron, bulliciosas y presurosas, todas las avecillas del cielo y se posaron en la ceniza. Y las palomitas, bajando las cabecitas, empezaron: pic, pic, pic, pic; y luego todas las demás las imitaron: pic, pic, pic, pic, y en un santiamén todos los granos buenos estuvieron en la fuente. No había transcurrido ni una hora cuando, terminado el trabajo, echaron a volar y desaparecieron. La muchacha llevó la fuente a su madrastra, contenta porque creía que la permitirían ir a la fiesta, pero la vieja le dijo: "No, Cenicienta, no tienes vestidos y no puedes bailar. Todos se burlarían de ti." Y como la pobre rompiera a llorar: "Si en una hora eres capaz de limpiar dos fuentes llenas de lentejas que echaré en la ceniza, te permitiré que vayas." Y pensaba: "Jamás podrá hacerlo." Pero cuando las lentejas estuvieron en la ceniza, la doncella salió al jardín por la puerta trasera y gritó: "¡Palomitas mansas, tortolillas y avecillas todas del cielo, vengan a ayudarme a limpiar lentejas!:

Las buenas, en el pucherito; las malas, en el buchecito."

Then two white doves came to the kitchen window, followed by some turtledoves and, at last, a flock of all the birds on earth, chirping and fluttering. They landed among the ashes, and the doves nodded their heads and began to pick, peck, pick, peck, and then all the others began to pick, peck, pick, peck too, and put all the good grains into the dish. They completed the task within an hour then flew away.

Then the young girl brought the dish to her stepmother, feeling joyful, and thinking that she could go to the party now but her stepmother said, "No, Cinderella, you don't have the right clothes, you don't know how to dance, and everyone would laugh at you!" And when Cinderella cried with disappointment, she added, "If you can fill two dishes with lentils from the ashes, nice and clean, you can go with us." But all the time she was thinking to herself, "I know she won't be able to do it." After she'd thrown two dishes of lentils into the ashes, the young girl went through the back door into the garden, and cried, "O gentle doves, O turtledoves, and all the birds that be, the lentils that in ashes lie, come and pick them up for me! The good must be put in a dish, the bad you may eat if you wish."

Y enseguida acudieron a la ventana de la cocina dos palomitas blancas y luego las tortolillas, y, finalmente, comparecieron, bulliciosas y presurosas, todas las avecillas del cielo y se posaron en la ceniza. Y las palomitas, bajando las cabecitas, empezaron: pic, pic, pic, pic; y luego todas las demás las imitaron: pic, pic, pic, pic, echando todos los granos buenos en las fuentes. No había transcurrido aún media hora cuando, terminada ya su tarea, emprendieron todas el vuelo. La muchacha llevó las fuentes a su madrastra, pensando que aquella vez le permitiría ir a la fiesta. Pero la mujer le dijo: "Todo es inútil; no vendrás, pues no tienes vestidos ni sabes bailar. Serías nuestra vergüenza." Y, volviéndole la espalda, partió apresuradamente con sus dos orgullosas hijas.

Then two white doves came to the kitchen window, followed by some turtledoves and, at last, a flock of all the birds on earth, chirping and fluttering. They landed among the ashes, and the doves nodded their heads and began to pick, peck, pick, peck, and then all the others began to pick, peck, pick, peck too, and put all the good grains into the dish. Within half an hour, they had completed the task and flew away.

Then the young girl took the dishes to her stepmother, feeling joyful, and thinking that she could go to the party now, but her stepmother said, "This doesn't help, you still can't come with us. You don't have the right clothes, and you can't dance. You would embarrass us." Then she turned her back on poor Cinderella and hurried to leave with her two conceited daughters.

No habiendo ya nadie en casa, Cenicienta se encaminó a la tumba de su madre, bajo el avellano, y suplicó.

As there was no one left in the house, Cinderella went to her mother's grave under the hazel bush and cried.

"¡Arbolito, sacude tus ramas frondosas, y échame oro y plata y más cosas!"

"Little tree, little tree, shake over me, so that silver and gold comes down and covers me."

Y he aquí que el pájaro le echó un vestido bordado en plata y oro, y unas zapatillas con adornos de seda y plata. Se vistió a toda prisa y corrió a palacio, donde su madrastra y hermanastras no la reconocieron, y, al verla tan ricamente ataviada, la tomaron por una princesa extranjera. Ni por un momento se les ocurrió pensar en Cenicienta, a quien creían en su cocina, sucia y buscando lentejas en la ceniza. El príncipe salió a recibirla, y tomándola de la mano, bailó con ella. Y es el caso que no quiso bailar con ninguna otra ni la soltó de la mano, y cada vez que se acercaba otra muchacha a invitarlo, se negaba diciendo: "Ésta es mi pareja."

Then a bird threw down a dress of gold and silver, and a pair of slippers embroidered with silk and silver. And she quickly put the dress on and went to the party. Her stepmother and stepsisters didn't recognize her, and thought she must be a foreign princess, because she looked so beautiful in her golden dress. They never even thought it might be Cinderella, and imagined that she was sitting at home, picking the lentils out of the ashes. The king's son came to meet her, took her by the hand and danced with her, refusing to dance with anyone else, not wanting to let go of her hand. When anyone else came to ask her to dance he answered, "She's my partner."

Al anochecer, Cenicienta quiso volver a su casa, y el príncipe le dijo: "Te acompañaré," deseoso de saber de dónde era la bella muchacha. Pero ella se le escapó, y se encaramó de un salto al palomar. El príncipe aguardó a que llegase su padre, y le dijo que la doncella forastera se había escondido en el palomar. Entonces pensó el viejo: ¿Será la Cenicienta? Y, pidiendo que le trajesen un hacha y un pico, se puso a derribar el palomar. Pero en su interior no había nadie. Y cuando todos llegaron a casa, encontraron a Cenicienta entre la ceniza, cubierta con sus sucias ropas, mientras un candil de aceite ardía en la chimenea; pues la muchacha se había dado buena maña en saltar por detrás del palomar y correr hasta el avellano; allí se quitó sus hermosos vestidos, y los depositó sobre la tumba, donde el pajarillo se encargó de recogerlos. Y enseguida se volvió a la cocina, vestida con su sucia batita.

When night fell, she wanted to go home, and the prince said he'd go with her to take care of her, and because he wanted to see where the beautiful young woman lived. But she escaped from him and jumped into the dovecote. The prince waited until his father came, and he told him the strange young woman had jumped into the dovecote. His father thought, "It can't be Cinderella, can it?" and then called for axes and hatchets, and had the dovecote chopped down. But there was no one in there. And when they went to Cinderella's house, she was sitting there in her dirty clothes by the hearth, with a little oil lamp burning dimly in the chimney. Cinderella had been very quick, had jumped out of the dovecote and run to the hazel bush. She took her beautiful dress off there and laid it on the grave, and the bird carried it away again. Then she put her gray tunic on again, and sat down in the kitchen by the hearth.

Al día siguiente, a la hora de volver a empezar la fiesta, cuando los padres y las hermanastras se hubieron marchado, la muchacha se dirigió al avellano y le dijo:

"¡Arbolito, sacude tus ramas frondosas, y échame oro y plata y, más cosas!"

El pajarillo le envió un vestido mucho más espléndido aún que el de la víspera; y al presentarse ella en palacio tan magníficamente ataviada, todos los presentes se pasmaron ante su belleza. El hijo del Rey, que la había estado aguardando, la tomó inmediatamente de la mano y sólo bailó con ella. A las demás que fueron a solicitarlo, les respondía: "Ésta es mi pareja." Al anochecer, cuando la muchacha quiso retirarse, el príncipe la siguió, para ver a qué casa se dirigía; pero ella desapareció de un brinco en el jardín de detrás de la suya. Crecía en él un grande y hermoso peral, del que colgaban peras magníficas. Se subió ella a la copa con la ligereza de una ardilla, saltando entre las ramas, y el príncipe la perdió de vista. El joven aguardó la llegada del padre, y le dijo: "La joven forastera se me ha escapado; creo que se subió al peral." Pensó el padre: ¿Será la Cenicienta? Y, tomando un hacha, derribó el árbol, pero nadie apareció en la copa. Y cuando entraron en la cocina, allí estaba Cenicienta entre las cenizas, como tenía por costumbre, pues había saltado al suelo por el lado opuesto del árbol, y, después de devolver los hermosos vestidos al pájaro del avellano, volvió a ponerse su batita gris.

The next day, when the party started again and her parents and stepsisters had left to go to it, Cinderella went to the hazel bush and cried, "Little tree, little tree, shake over me, so that silver and gold comes down and covers me."

Then the bird brought down an even more splendid dress than the one the day before.

And when she appeared in it among the guests, everyone was astonished at her beauty. The prince had been waiting until she came, and he took her hand and danced with her and only her. And when anyone else came to invite her to dance he said, "She is my partner." When night fell, she wanted to go home, and this time the prince followed her, because he wanted to see where she lived, but she got away from him, and ran into the garden at the back of the house. A fine, large tree bearing splendid pears stood in the garden. Cinderella leapt up among the branches as lightly as a squirrel, and the prince didn't know where she'd gone. So, he waited until his father came, and then he told him that the strange young woman had rushed away from him, and that he thought she'd gone up into the pear tree. His father thought, "It can't be Cinderella, can it?" and called for an axe, and felled the tree, but there was no-one in it. And when they went into the kitchen again, Cinderella was sitting there by the hearth, as usual, because she'd climbed down the other side of the tree, and had taken her beautiful clothes back to the bird in the hazel bush, and had put on her old gray tunic again.

El tercer día, en cuanto se hubieron marchado los demás, volvió Cenicienta a la tumba de su madre y suplicó al arbolillo:

"¡Arbolito, sacude tus ramas frondosas, y échame oro y plata y más cosas!"

Y el pájaro le echó un vestido soberbio y brillante como jamás se viera otro en el mundo, con unos zapatitos de oro puro. Cuando se presentó a la fiesta, todos los concurrentes se quedaron boquiabiertos de admiración. El hijo del Rey bailó exclusivamente con ella, y a todas las que iban a solicitarlo les respondía: "Ésta es mi pareja."

On the third day, after her parents and stepsisters had set off, Cinderella went again to her mother's grave, and said to the tree, "Little tree, little tree, shake over me, so that silver and gold may come down and cover me." Then the bird threw down slippers made of gold as well as a dress which was so beautiful in splendor and brilliance that its equal had never been seen.

And when she appeared in this dress at the party, nobody knew what to say because they were so in awe. The prince danced with her alone, and if anyone else asked her to dance he answered, "She is my partner."

Al anochecer se despidió Cenicienta. El hijo del Rey quiso acompañarla; pero ella se escapó con tanta rapidez, que su admirador no pudo darle alcance. Pero esta vez recurrió a una trampa: mandó embadurnar con pez las escaleras de palacio, por lo cual, al saltar la muchacha los peldaños, se le quedó la zapatilla izquierda adherida a uno de ellos. Recogió el príncipe la zapatilla, y observó que era diminuta, graciosa, y toda ella de oro. A la mañana siguiente presentóse en casa del hombre y le dijo: "Mi esposa será aquella cuyo pie se ajuste a este zapato."

And when night fell, Cinderella wanted to go home, and the prince was going to go with her but she ran past him so quickly that he couldn't follow her. However, he had laid a plan, and had had the palace steps covered in pitch so that, as she rushed down the steps, her left shoe got stuck in it. The prince picked it up, and saw that it was made from gold, and was very small and slender. The next morning, he went to his father and told him that the only person he would accept as his bride was the one whose foot fitted the golden shoe.

Las dos hermanastras se alegraron, pues ambas tenían los pies muy lindos. La mayor fue a su cuarto para probarse la zapatilla, acompañada de su madre. Pero no había modo de introducir el dedo gordo; y al ver que la zapatilla era demasiado pequeña, la madre, alargándole un cuchillo, le dijo: "¡Córtate el dedo! Cuando seas reina, no tendrás necesidad de andar a pie." Lo hizo así la muchacha; forzó el pie en el zapato y, reprimiendo el dolor, se presentó al príncipe. Él la hizo montar en su

caballo y se marchó con ella. Pero hubieron de pasar por delante de la tumba, y dos palomitas que estaban posadas en el avellano gritaron:

"Ruke di guk, ruke di guk; sangre hay en el zapato. El zapato no le va, la novia verdadera en casa está."

This made the two sisters very happy because they had pretty feet. The eldest went to her room to try on the shoe, and her mother went with her. She couldn't even get her big toe into it, as the shoe was too small. Then her mother handed her a knife, and said, "Cut your toe off, because when you're the queen you'll never have to walk anywhere." So, the girl cut her toe off, squeezed her foot into the shoe, hid her pain, and then went down to the prince. Then he took her with him on his horse to be his bride, and they rode off. They had to pass by the grave, where two doves were sitting on the hazel bush, shouting, "There they go, there they go! There's blood on her shoe; the shoe's too small, she isn't the right bride at all!"

Miró el príncipe el pie y vio que de él fluía sangre. Hizo dar media vuelta al caballo y devolvió la muchacha a su madre, diciendo que no era aquella la que buscaba, y que la otra hermana tenía que probarse el zapato. Subió ésta a su habitación y, aunque los dedos le entraron holgadamente, en cambio no había manera de meter el talón. Le dijo la madre, alargándole un cuchillo: "Córtate un pedazo del talón. Cuando seas reina no tendrás necesidad de andar a pie." Cortóse la muchacha un trozo del talón, metió a la fuerza el pie en el zapato y, reprimiendo el dolor, se presentó al hijo del Rey. Montó éste en su caballo y se marchó con ella. Pero al pasar por delante del avellano, las dos palomitas posadas en una de sus ramas gritaron:

"Ruke di guk, ruke di guk; sangre hay en el zapato. El zapato no le va, la novia verdadera en casa está."

Then the Prince looked down at her shoe and saw the blood flowing. And he turned his horse round and took the fake bride home again, telling her she wasn't the right person, and that the other sister must try the shoe on. The other sister went into her room to try it on, and she managed to get her toes in quite comfortably, but her heel was too big. Then her mother handed her the knife, saying, "Cut a piece of your heel off. When you are the queen you will never have to walk anywhere." So, the girl cut a piece of her heel off, and thrust her foot into the shoe, hid her pain, and went down to the prince, who took her with him on his horse to be his bride, and they rode off. They had to pass by the hazel bush where the two doves were sitting. They cried, "There they go, there they go! There's blood on her shoe; the shoe's too small, she isn't the right bride at all!"

Miró el príncipe el pie de la muchacha y vio que la sangre emanaba del zapato y había enrojecido la blanca media. Hizo dar media vuelta al caballo y llevó a su casa a la falsa novia. "Tampoco es ésta la verdadera," dijo. "¿No tienen otra hija?" - "No," respondió el hombre. Sólo de mi esposa difunta queda una Cenicienta pringosa; pero es imposible que sea la novia." Mandó el príncipe que la llamasen; pero la madrastra replicó: "¡Oh, no! ¡Va demasiado sucia! No me atrevo a presentarla." Pero como el hijo del Rey insistiera, no hubo más remedio que llamar a Cenicienta. Lavóse ella primero las manos y la cara y, entrando en la habitación, saludó al príncipe con una reverencia, y él tendió el zapato de oro. Se sentó la muchacha en un escalón, se quitó el pesado zueco y se calzó la chinela: le venía como pintada. Y cuando, al levantarse, el príncipe le miró el rostro, reconoció en el acto a la hermosa doncella que había bailado con él, y exclamó: "¡Ésta sí que es mi verdadera novia!" La madrastra y sus dos hijas palidecieron de rabia; pero el príncipe ayudó a Cenicienta a montar a caballo y marchó con ella. Y al pasar por delante del avellano, gritaron las dos palomitas blancas:

"Ruke di guk, ruke di guk; no tiene sangre el zapato. Y pequeño no le está; es la novia verdadera con la que va."

Then the Prince looked at her foot and saw how the blood was flowing from the shoe, and staining her white stocking. And he turned his horse round and, once again, brought the fake bride home. "This isn't the right one," he said. "Do you have another daughter?"

"No," said the man, "except that my dead wife left behind our little stunted Cinderella; it's impossible that she's the bride." But the king's son ordered her to be sent for, and the mother said, "Oh no! She's much too dirty, I couldn't let you see her." He insisted she be brought, though, so Cinderella had to found.

So she washed her face and hands until they were clean, then went in and curtseyed to the Prince, who held the golden shoe out to her. Then she sat down on a stool, drew her foot out of her heavy wooden shoe, and slipped it into the golden one. It fitted perfectly, and when she stood up, and the Prince saw her face, he saw again the beautiful young woman who'd danced with him, and he cried out, "This is the right bride!" The stepmother and the two stepsisters were thunderstruck and went pale with anger. But the Prince put Cinderella before him on his horse and they rode off. And as they passed the hazel bush, the two white doves cried, "There they go, there they go! No blood on her shoe; the shoe's not too small, she's the right bride after all."

Y, dicho esto, bajaron volando las dos palomitas y se posaron una en cada hombro de Cenicienta.

Al llegar el día de la boda, se presentaron las traidoras hermanas, muy zalameras, deseosas de congraciarse con Cenicienta y participar de su dicha. Pero al encaminarse el cortejo a la iglesia, yendo la mayor a la derecha de la novia y la menor a su izquierda, las palomas, de sendos picotazos, les sacaron un ojo a cada una. Luego, al salir, yendo la mayor a la izquierda y la menor a la derecha, las mismas aves les sacaron el otro ojo. Y de este modo quedaron castigadas por su maldad, condenadas a la ceguera para todos los días de su vida.

And having shared their thoughts, the doves came flying after them and perched on Cinderella's shoulders, one on the right, the other on the left, and stayed there.

When the date for her wedding to the Prince was announced the nasty stepsisters came, hoping to curry favor and celebrate with them. As the bridal procession made its way to the church, the older sister walked on the right side and the younger on the left, and the doves pecked out one eye from each of them. And on their return, the older sister was on the left side and the younger on the right, and the doves pecked out each sister's other eye. And so they were condemned to be blind for the rest of their days because of their wickedness and falsehood.

FIN

THE END

Había una vez un pobre campesino. Una noche se encontraba sentado, atizando el fuego, y su esposa hilaba sentada junto a él, a la vez que lamentaban el hallarse en un hogar sin niños.

—¡Qué triste es que no tengamos hijos! —dijo él—. En esta casa siempre hay silencio, mientras que en los demás hogares todo es alegría y bullicio de criaturas.

—¡Es verdad! —contestó la mujer suspirando—.Si por lo menos tuviéramos uno, aunque fuera muy pequeño y no mayor que el pulgar, seríamos felices y lo amaríamos con todo el corazón. Y ocurrióque el deseo se cumplió.

Once upon a time there was a poor peasant who found himself sitting near the chimney one evening poking the fire, while his wife sat at her spinning wheel.

And he said, "It's so dull without any children here; our house is so quiet, and other people's houses are so noisy and merry!"

"Yes," answered his wife, sighing, "if we could only have one, just a little one, no bigger than my thumb, how happy I would be! It would mean we had everything we ever wanted."

Resultó que al poco tiempo la mujer se sintió enferma y, después de siete meses, trajo al mundo un niño bien proporcionado en todo, pero no más grande que un dedo pulgar.

—Es tal como lo habíamos deseado —dijo—. Va a ser nuestro querido hijo, nuestro pequeño.

Y debido a su tamaño lo llamaron Pulgarcito. No le escatimaban la comida, pero el niño no crecía y se quedó tal como era cuando nació. Sin embargo, tenía ojos muy vivos y pronto dio muestras de ser muy inteligente, logrando todo lo que se proponía.

Now, it just so happened that after a short while the woman had a child who was perfect, but no bigger than a thumb. The parents said, "He's exactly what we wished for, and we love him very much," and they called him 'Tom Thumb' because of his size. And even though they fed him well, he didn't grow any bigger, but stayed exactly the same size as when he was first born. He was very bright, quick and sensible, so he was successful in all he did.

Un día, el campesino se aprestaba a ir al bosque a cortar leña.

—Ojalá tuviera a alguien para conducir la carreta —dijo en voz baja.

—¡Oh, padre! —exclamó Pulgarcito— ¡yo me haré cargo! ¡Cuenta conmigo! La carreta llegará a tiempo al bosque.

One day his father was getting ready to go into the forest to cut wood, and he said, as if to himself, "I wish there was someone who could bring the cart to me."

"Oh father," cried Tom Thumb, "I can bring the cart, you can count on me! I'll bring it to you in the forest at the right time, too!"

El hombre se echó a reír y dijo:

—¿Cómo podría ser eso? Eres muy pequeño para conducir el caballo con las riendas.

—¡Eso no importa, padre! Tan pronto como mi madre lo enganche, yo me pondré en la oreja del caballo y le gritaré por dónde debe ir.

—¡Está bien! —contestó el padre, probaremos una vez.

Cuando llegó la hora, la madre enganchó la carreta y colocó a Pulgarcito en la oreja del caballo, donde el pequeño se puso a gritarle por dónde debía ir, tan pronto con "¡Hejjj!", como un "¡Arre!". Todo fue tan bien como con un conductor y la carreta fue derecho hasta el bosque. Sucedió que, justo en el momento que rodeaba un matorral y que el pequeño iba gritando "¡Arre! ¡Arre!", dos extrañospasabanporahí.

Then the father laughed, and said, "How will you manage that? You're much too small to hold the reins."

"That doesn't matter, father. While mother carries on spinning, I'll sit in the horse's ear and tell him where to go."

"Well," answered the father, "we'll try it once." When it was time to set off, the mother went on spinning, after putting Tom Thumb in the horse's ear. So he drove off, crying, "Gee-up, gee-wo!" And the horse trotted on as if his master were driving him, and took the cart along the right road to the forest.

Now, just as they turned a corner, and the little fellow was calling out "Gee-up!", two strange men passed by.

—¡Cómo es eso! —dijo uno— ¿Qué es lo que pasa? La carreta rueda, alguien conduce el caballo y sin embargo no se ve a nadie.

—Todo es muy extraño —asintió el otro—. Seguiremos la carreta para ver en dónde se para.

La carreta se internó en pleno bosque y llegó justo al sitio sonde estaba la leña cortada. Cuando Pulgarcito divisó a su padre, le gritó:

—Ya ves, padre, ya llegué con la carreta. Ahora, bájame del caballo.

El padre tomó las riendas con la mano izquierda y con la derecha sacó a su hijo de la oreja del caballo, quien feliz se sentó sobre una brizna de hierba. Cuando los dos extraños divisaron a Pulgarcito quedaron tan sorprendidos que no supieron qué decir. Uno y otro se escondieron y se dijeron entre ellos:

—Oye, ese pequeño valiente bien podría hacer nuestra fortuna si lo exhibimos en la ciudad a cambio de dinero.

"Look," said one of them, "how is that happening? There goes a wagon, and the driver is talking to the horse, but he's nowhere to be seen."

"How strange," said the other. "Let's follow the cart and see where it goes." And the cart went right through the forest, up to the place where the wood had been cut. When Tom Thumb caught sight of his father, he cried out, "Look, Father, here am I with the wagon! Get me down now." The father held the horse with his left hand, and with his right he lifted his little son out of the horse's ear, and Tom Thumb sat down on a stump, quite happy and content. When the two strangers saw him, they were struck dumb with wonder. At last one of them, taking the other aside, said to him, "Look here, that little chap would make our fortune if we were to show him in the town for money."

Debemos comprarlo. Se dirigieron al campesino y le dijeron:

—Véndenos ese hombrecito; estará muy bien con nosotros.

—No —respondió el padre— es mi hijo querido y no lo vendería por todo el oro del mundo.

Pero al oír esta propuesta, Pulgarcito se trepó por los pliegues de las ropas de su padre, se colocó sobre su hombro y le dijo al oído:

—Padre, véndeme; sabré cómo regresar a casa. Entonces, el padre lo entregó a los dos hombres a cambio de una buena cantidad de dinero.

"Suppose we buy him?" So, they went up to the woodcutter, and said, "Sell the little man to us; we'll make sure he comes to no harm."

"No," answered the father, "he's the apple of my eye, and I wouldn't sell him for all the money in the world." But Tom Thumb, when he heard what was going on, climbed up by his father's coat tails and, perching on his shoulder, whispered in his ear, "Father, you might as well let me go. I'll be back soon, I promise you." Then the father gave him up to the two men for a large amount of money.

—¿En dónde quieres sentarte? —le preguntaron.

—¡Ah!, pónganme sobre el ala de su sombrero; ahí podré pasearme a lo largo y a lo ancho, disfrutando del paisaje y no me caeré.

Cumplieron su deseo, y cuando Pulgarcito se hubo despedido de su padre se pusieron todos en camino. Viajaron hasta que anocheció y Pulgarcito dijo entonces:

—Bájenme al suelo, tengo necesidad.

—No, quédate ahí arriba —le contestó el que lo llevaba en su cabeza—. No me importa. Las aves también me dejan caer a menudo algo encima.

—No —respondió Pulgarcito—, sé lo que les conviene. Bájenme rápido.

El hombre tomó de su sombrero a Pulgarcito y lo posó en un campo al borde del camino. Por un momento dio saltitos entre los terrones de tierra y, de repente, enfiló hacia un agujero de ratón que había localizado.

They asked him where he would like to sit. "Oh, put me on the brim of your hat," he said. "Then I can walk about and view the country, and be in no danger of falling off." So they did as he asked, and when Tom Thumb had taken leave of his father, they set off all together. And they traveled on until dusk, and the little fellow asked to be put down a little while, just for a change and, after some difficulty, they agreed. Then the man took Tom Thumb down from his hat, and put him in a field by the roadside. He ran away straightaway and, after creeping about among the furrows, he slipped quickly into a mouse hole, which was exactly what he'd was hoping to find.

—¡Buenas noches, señores, sigan sin mí! —les gritó en tono burlón.

Acudieron prontamente y rebuscaron con sus bastones en la madriguera del ratón, pero su esfuerzo fue inútil. Pulgarcito se introducía cada vez más profundo y como la oscuridad no tardó en hacerse total, se vieron obligados a regresar, burlados y con la bolsa vacía.

"Good evening, masters, you can go home without me!" he cried out to them, laughing. They ran up and felt about with their sticks in the mouse hole, but in vain. Tom Thumb crept further and further in and, as it was getting dark, they had to make their way home as best they could, but were very angry and had empty purses.

Cuando Pulgarcito se dio cuenta de que se habían marchado, salió de su escondite.

"Es peligroso atravesar estos campos de noche, cuando más peligros acechan", pensó, "se puede uno fácilmente caer o lastimar".

Felizmente, encontró una concha vacía de caracol.

—¡Gracias a Dios! —exclamó—, ahí dentro podré pasar la noche con tranquilidad; y ahí se introdujo.

When Tom Thumb was sure they'd gone, he crept out of his hiding-place underground. "It's dangerous work groping about these holes in the dark," he said, "I could easily break my neck." But by good fortune he came upon an empty snail shell. "That's all right," he said, "now I can get safely through the night," and he settled down in it.

Un momento después, cuando estaba a punto de dormirse, oyó pasar a dos hombres, uno de ellos decía:

—¿Cómo haremos para robarle al cura adinerado todo su oro y su dinero?

—¡Yo bien podría decírtelo! —se puso a gritar Pulgarcito.

—¿Qué es esto? —dijo uno de los espantados ladrones, he oído hablar a alguien.

Pararon para escuchar y Pulgarcito insistió:

—Llévenme con ustedes, yo los ayudaré.

—¿En dónde estás?

—Busquen aquí, en el piso; fíjense de dónde viene la voz —contestó.

Just as he was about to fall asleep, he heard two men passing by, and one was saying to the other, "How are we going to get hold of the rich parson's gold and silver?"

"I can tell you how," cried Tom Thumb. "What's going on?" asked one of the thieves, quite frightened, "I can hear someone speaking!" They stood still and listened, and Tom Thumb spoke again: "Take me with you. I'll show you how to do it!"

"Where are you?" they asked.

"Look about on the ground and you'll hear where my voice is coming from," he answered.

Por fin los ladrones lo encontraron y lo alzaron.

—A ver, pequeño valiente, ¿cómo pretendes ayudarnos?

—¡Eh!, yo me deslizaré entre los barrotes de la ventana de la habitación del cura y les iré pasando todo cuanto quieran.

—¡Está bien! Veremos qué sabes hacer.

At last they found him, and lifted him up. "A little elf," they said. "How do you think you can help us?"

"Look here," he answered, "I can easily creep between the iron bars of the parson's room and hand out to you whatever you would like to have."

"Very well," they said, "let's see what you can do."

Cuando llegaron a la casa, Pulgarcito se deslizó en la habitación y se puso a gritar con todas sus fuerzas.

—¿Quieren todo lo que hay aquí?

Los ladrones se estremecieron y le dijeron:

—Baja la voz para no despertar a nadie.

Pero Pulgarcito hizo como si no entendiera y continuó gritando:

—¿Qué quieren? ¿Les hace falta todo lo que aquí?

La cocinera, quien dormía en la habitación de al lado, oyó estos gritos, se irguió en su cama y escuchó, pero los ladrones asustados se habían alejado un poco. Por fin recobraron el valor diciéndose:

—Ese hombrecito quiere burlarse de nosotros.

Regresaron y le cuchichearon:

—Vamos, nada de bromas y pásanos alguna cosa.

So when they came to the parsonage, Tom Thumb crept into the room, and cried out with all his might, "Do you want everything in here?" The thieves were terrified, and said, "Speak more softly, we don't want anyone to wake up." But Tom Thumb pretended he hadn't heard them, and cried out again, "What would you like? Do you want everything in here?" so that the cook, sleeping in a room nearby, heard him and sat up in bed to listen. The thieves, frightened of being discovered, ran back part of the way, but they gathered their courage again, thinking the little fellow was only joking. They came back and whispered to him to be serious, and to hand something out to them.

Entonces, Pulgarcito se puso a gritar con todas sus fuerzas:

—Sí, quiero darles todo: introduzcan sus manos.

La cocinera, que ahora sí oyó perfectamente, saltó de su cama y se acercó ruidosamente a la puerta. Los ladrones, atemorizados, huyeron como si llevasen el diablo tras de sí, y la criada, que no distinguía nada, fue a encender una vela. Cuando volvió, Pulgarcito, sin ser descubierto, se había escondido en el granero. La sirvienta, después de haber inspeccionado en todos los rincones y no encontrar nada, acabó por volver a su cama y supuso que había soñado con ojos y orejas abiertos.

Then Tom Thumb called out once more as loudly as he could, "Oh yes, I'll pass it all to you, put your hands out." The nearby maid who was listening heard him distinctly that time, jumped out of bed, and flung open the door. The thieves ran off as if a wild huntsman were behind them, and the maid, who couldn't see anything, went to find a light. And when she came back with one, Tom Thumb had taken himself off into the barn, without being seen, and the maid, when she had finished looking in every hole and corner and found nothing, went back to bed. She thought she must have been dreaming with her eyes and ears open.

Pulgarcito había trepado por la paja y en ella encontró un buen lugarcito para dormir. Quería descansar ahí hasta que amaneciera y después volver con sus padres, pero aún le faltaba ver otras cosas, antes de poder estar feliz en su hogar.

So, Tom Thumb crept into the hay, and found a comfortable nook to sleep in. He intended to stay there until daytime, then go home to his father and mother. But other things were yet to happen and he would find nothing but trouble and worry in this world!

Como de costumbre, la criada se levantó al despuntar el día para darles de comer a los animales. Fue primero al granero, y de ahí tomó una brazada de paja, justamente de la pila en donde Pulgarcito estaba dormido. Dormía tan profundamente que no se dio cuenta de nada y no despertó hasta que estuvo en la boca de la vaca que había tragado la paja.

The maid got up at dawn to feed the cows. The first place she went to was the barn, where she took up an armful of hay, and it happened to be the very heap in which Tom Thumb lay asleep. And he was so deeply asleep that he wasn't aware of anything, and didn't wake up until he was in the mouth of the cow eating the hay.

—¡Dios mío! —exclamó—. ¿Cómo pude caer en este molino triturador? Pronto comprendió en dónde se encontraba. Tuvo buen cuidado de no aventurarse entre los dientes, que lo hubieran aplastado; mas no pudo evitar resbalar hasta el estómago.

—He aquí una pequeña habitación a la que se omitió ponerle ventanas —se dijo—Y no entra el sol y tampoco es fácil procurarse una luz.

Esta morada no le gustaba nada, y lo peor era que continuamente entraba más paja por la puerta y que el espacio iba reduciéndose más y más. Entonces, angustiado, decidió gritar con todas sus fuerzas:

—¡Ya no me envíen más paja! ¡Ya no me envíen más paja!

"Oh dear," he cried, "how come I've got into a mill!" But he soon found out where he was. He had to be very careful not to get between the cow's teeth, and at last he found his way into the cow's stomach. "They forgot the windows when this little room was built," he said, "and the sun can't get in. There's no light at all." His quarters were unpleasant to him in every way and the worst was that new hay was constantly coming in, so the space was being filled up. At last he cried out with all his might, as loudly as he could, "No more hay! No more hay!"

La criada estaba ordeñando a la vaca y cuando oyó hablar sin ver a nadie, reconoció que era la misma voz que había escuchado por la noche, y se sobresaltó tanto que resbaló de su taburete y derramó toda la leche.

Corrió a toda prisa donde se encontraba el amo y le gritó:

—¡Ay, Dios mío! ¡Señor cura, la vaca ha hablado!

—¡Está loca! —respondió el cura, quien se dirigió al establo a ver de qué se trataba.

Apenas cruzó el umbral cuando Pulgarcito se puso a gritar de nuevo:

—¡Ya no me enviéis más paja! ¡Ya no me enviéis más paja!

The maid was milking the cow and, when she heard a voice but couldn't see anyone, and she realized it was the same voice that she'd heard in the night, she was so frightened that she fell off her stool and spilt the milk. Then she ran in quickly to her master, crying, "Oh, master dear, the cow spoke!"

"You must be crazy," answered her master, and he went himself to the cowshed to see what was the matter. No sooner had he put his foot inside the door, than Tom Thumb cried out again, "No more hay! No more hay!"

Ante esto, el mismo cura tuvo miedo, suponiendo que era obra del diablo y ordenó que se matara a la vaca. Entonces se sacrificó a la vaca; solamente el estómago, donde estaba encerrado Pulgarcito, fue arrojado al estercolero. Pulgarcito intentó por todos los medios salir de ahí, pero en el instante en que empezaba a sacar la cabeza, le aconteció una nueva desgracia.

Un lobo hambriento, que acertó a pasar por ahí, se tragó el estómago de un solo bocado.

Then the parson himself was frightened, imagining that a bad spirit had entered the cow, and he ordered her to be put to death. So, she was killed, but the stomach, where Tom Thumb was, was thrown on a dunghill. Tom Thumb had great trouble working his way out of it, and he had just made a space big enough for his head to go through when new bad luck came his way. A hungry wolf ran up and swallowed the whole stomach in one gulp.

Pulgarcito no perdió ánimo. "Quizá encuentre un medio de ponerme de acuerdo con el lobo", pensaba. Y, desde el fondo de su panza, su puso a gritarle:

—¡Querido lobo, yo sé de un festín que te vendría mucho mejor!

—¿Dónde hay que ir a buscarlo? —contestó el lobo.

—En tal y tal casa. No tienes más que entrar por la trampilla de la cocina y ahí encontrarás pastel, tocino, salchichas, tanto como tú desees comer.

Y le describió minuciosamente la casa de sus padres.

But Tom Thumb wasn't discouraged. "Perhaps," he thought, "the wolf will listen to reason." So from the inside the wolf he shouted, "My dear wolf, I can tell you where to get a splendid meal!"

"Where will I find it?" asked the wolf.

"At a certain house. You have to creep in through a drain, and you'll find cakes and bacon and broth there, as much as you can eat," and he described his father's house to him.

El lobo no necesitó que se lo dijeran dos veces. Por la noche entró por la trampilla de la cocina y, en la despensa, disfrutó todo con enorme placer. Cuando estuvo harto, quiso salir, pero había engordado tanto que ya no podía usar el mismo camino. Pulgarcito, que ya contaba con que eso pasaría, comenzó a hacer un enorme escándalo dentro del vientre del lobo.

The wolf didn't need to be told twice. During the night, he squeezed himself through the drain and feasted to his heart's content in the store room. When he was at last full, he wanted to leave, but he had grown so big that it was not possible for him to creep back the way he'd come. Tom Thumb had counted on this, and began to make a terrible din inside the wolf, crying and calling as loudly as he could.

—¡Te quieres estar quieto! —le dijo el lobo—. Vas a despertar a todo el mundo.

—¡Tanto peor para ti! —contestó el pequeño—. ¿No has disfrutado ya? Yo también quiero divertirme.

Y se puso de nuevo a gritar con todas sus fuerzas.

"Will you be quiet?" said the wolf, "you'll wake the folks up!"

"Look here," cried the little man, "you're full up, so now I'm doing something for myself," and began to make as much noise as he could.

A fuerza de gritar, despertó a su padre y a su madre, quienes corrieron hacia la habitación y miraron por las rendijas de la puerta. Cuando vieron al lobo, el hombre corrió a buscar el hacha y la mujer la hoz.

—Quédate detrás de mí —dijo el hombre cuando entraron en el cuarto—. Cuando le haya dado un golpe, si acaso no ha muerto, le pegarás con la hoz y le desgarrarás el cuerpo.

Cuando Pulgarcito oyó la voz de su padre, gritó:

—¡Querido padre, estoy aquí; aquí, en la barriga del lobo!

—¡Al fin! —dijo el padre—.¡Ya ha aparecido nuestro querido hijo!

Le indicó a su mujer que soltara la hoz, por temor a lastimar a Pulgarcito. Entonces, se adelantó y le dio al lobo un golpe tan violento en la cabeza que éste cayó muerto. Después fueron a buscar un cuchillo y unas tijeras, le abrieron el vientre y sacaron al pequeño.

At last his father and mother woke up, and they ran to the room door and peeped through the gap. When they saw a wolf in there, they ran and fetched weapons - the man an axe, and the wife a scythe. "Stay back," said the man, as they entered the room. "When I've struck him, if I haven't killed him, then you must cut him with your scythe." Then Tom Thumb heard his father's voice, and cried, "Dear Father, I am here inside the wolf." Then the father called happily, "Thank heavens we've found our dear child!" and told his wife to keep the scythe out of the way, worried she might hurt Tom Thumb with it. He approached the wolf and hit it so hard on the head that it fell down dead. Then he fetched a knife and a pair of scissors, slit open the wolf's body, and let the little fellow out.

—¡Qué suerte! —dijo el padre—. ¡Qué preocupados estábamos por ti!

—¡Sí, padre, he vivido mil desventuras. ¡Por fin, puedo respirar el aire libre!

—Pues, ¿dónde te metiste?

—¡Ay, padre!, he estado en la madriguera de un ratón, en el vientre de una vaca y dentro de la panza de un lobo. Ahora, me quedaré a vuestro lado.

—Y nosotros no te volveríamos a vender, aunque nos diesen todos los tesoros del mundo.

Abrazaron y besaron con mucha ternura a su querido Pulgarcito, le sirvieron de comer y de beber, y lo bañaron y le pusieron ropas nuevas, pues las que llevaba mostraban los rastros de las peripecias de su accidentado viaje.

"Oh, what luck, we've been so worried about you!" said the father. "Yes, Father, I've had a number of adventures and am very glad to breathe fresh air again."

"So where have you been all this time?" asked his father.

"Oh, I have been in a mouse hole and a snail's shell, in a cow's stomach and a wolf's inside. Now I think I'll stay at home."

"And we won't part with you for all the kingdoms of the world," cried the parents, as they kissed and hugged their dear little Tom Thumb. And they gave him something to eat and drink, and a new suit of clothes, as his old ones were dirty from his travels.

FIN

THE END

Había una vez un niño llamado Jack que vivía con su madre pobre y viuda. Ellos habían vendido casi todo lo que tenían para comprar comida. Cuando su última vaca dejó de dar leche, la madre de Jack le envió a la ciudad para que vendiera a la vaca.

Once upon a time there was a boy called Jack who lived with his poor widowed mother. They had sold almost everything they owned to buy food. When their last cow stopped giving them milk, Jack's mother sent him to town to sell it.

En el camino a la ciudad Jack conoció a un extraño hombre que le contaba historias de habichuelas mágicas. "¿Dónde puedo comprar unas cuantas habichuelas mágicas para mi madre?", Preguntó Jack.

"Tengo las últimas cinco habichuelas mágicas y te las venderé a ti porque veo que eres un niño bueno", dijo el extraño sonriendo a Jack.

On the way to town Jack met a strange fellow who told him stories of magic beans. "Where can I buy some of these magic beans for my mother?" asked Jack.

"I have the last five magic beans and I'll sell them to you because you seem a good boy," the strange man said, smiling at Jack.

"Bueno, no tengo nada solamente esta vieja vaca y la necesitamos para venderla y comprar comida"

El hombre respondió: "Confía en mí, hijo mío, estos granos te traerán comida y fortuna y tu madre estará orgullosa."

"Well I have nothing but our old cow and we need the money I would get by selling her for food."

The man replied, "Trust me, my boy, these beans will bring you food and fortune and your mother will be proud."

Jack dudó pero finalmente intercambió la vaca por las habichuelas. Cuando Jack volvió a casa de su madre, ella se puso furiosa y llorando lanzó los granos por la ventana de la cocina. Jack fue a la cama esa noche triste y con hambre.

Jack hesitated but finally traded the cow for the beans. When Jack returned home his mother was furious and, crying, she threw the beans out of the kitchen window. Jack went to bed that night sad and hungry.

Se despertó a la mañana siguiente para encontrar un enorme tallo que crecía en el jardín. "¡Las habichuelas son realmente mágicas!", Exclamó.

Jack vio que el tallo alcanzaba las nubes. Recordó historias sobre las nubes que contenían oro y comenzó a subir por el tallo para ver lo que podía encontrar.

He woke the next morning to find a huge beanstalk growing in the garden. "The beans really are magic!" he cried.

Jack saw that the stalk reached the clouds. He remembered stories about the clouds containing gold and started climbing to see what he could find.

Subió y subió. Cuando llegó a la cima, vio un enorme castillo y se dirigió a él.

La puerta era tan grande que Jack podía arrastrarse debajo de ella. Una vez dentro vio a un gigante devorando su cena. Cuando el gigante terminó de comer llamó a su criado y le pidió que le trajera su bolsa de monedas de oro.

He climbed and he climbed. When he got to the top he saw a huge castle and headed for it.

The door was so big that Jack could crawl beneath it. When he was inside, he saw a giant eating his dinner. When the giant had finished, he called to his servant to bring him his bag of gold coins.

Mientras el gigante contaba su dinero empezó a adormecerse y posteriormente dormir.

Jack se deslizó hasta el gigante y le quitó su bolsa de oro. Bajó por el gigante tallo con su dinero y cuando estuvo abajo llamó a su madre.

While he was counting his money, the giant became drowsy and fell asleep.

Jack crept up to the giant and stole his bag of gold. He struggled down the beanstalk with the money and when he reached the bottom he shouted to his mother.

La madre de Jack estaba muy feliz porque ese dinero era el mismo que el gigante había robado al padre de Jack hace muchos años atrás. Pero ella también tenía miedo porque sabía lo peligroso que era el gigante e hizo prometer a Jack que nunca volvería.

Jack's mother was very happy because this was the same money the giant had stolen from Jack's father many years ago. But she was also afraid because she knew how dangerous the giant was and made Jack promise he'd never go back.

Mientras Jack hizo la promesa, después de un tiempo el dinero comenzó a agotarse. Jack empezó a preguntarse si encontraría algo más en el castillo.

Una vez más, Jack decidió volver a subir por el gigante tallo e ingresar al castillo. De nuevo llegó al castillo y se metió bajo la puerta.

Jack did promise but, after a while, the money started to run out. Jack began to wonder if he might find anything else in the castle.

Once again, Jack decided he'd go back up the beanstalk and back to the castle. Once again, he reached the castle and crawled under the castle door.

Y una vez más encontró al gigante comiendo en su mesa. Sin embargo esta vez cuando el gigante había terminado llamó a su gallina mágica.

Jack se sorprendió cuando vio a la gallina poner un huevo de oro puro. Y mientras el gigante observaba a la gallina nuevamente le dio sueño y cayó dormido. Jack se deslizó silenciosamente a la mesa y cogió a la gallina.

And once again he found the giant eating dinner at his table. When he finished this time, though, the giant called for his magic hen.

Jack was amazed when he saw the hen lay an egg of pure gold. While the giant was watching the hen, he again became drowsy and fell asleep. Jack crept silently up to the table and grabbed the hen.

Cuando regresó a casa su madre estaba muy enojada de que Jack había vuelto al castillo. Agarró el hacha de Jack e intentó cortar el tallo.

Jack le suplicó que no lo hiciera y le mostró cómo la gallina podía poner huevos de oro. La madre de Jack soltó el hacha y observó con deleite como la gallina ponía un hermoso huevo de oro, uno tras otro.

When he got home, his mother was very angry that Jack had gone back to the castle. She grabbed Jack's axe with the intention of cutting the beanstalk down.

Jack begged her not to and showed her the hen that laid golden eggs. Jack's mother put the axe down and watched with delight as the hen laid one beautiful golden egg after another.

Después de un tiempo la curiosidad de Jack sacó lo mejor de él y de nuevo pensó en qué más podría encontrar en el castillo.

Una vez más, Jack decidió volver a subir por el tallo y regresar al castillo. De nuevo frente al castillo se metió bajo la puerta. Y una vez más encontró al gigante comiendo en su mesa.

After a while, Jack's curiosity got the better of him and he thought again about what else he might find in the castle.

Once again, Jack decided he would go back up the beanstalk and back to the castle. Once again, he reached the castle and crawled under the castle door. And once again he found the giant eating dinner at his table.

Y de nuevo cuando el gigante terminó esta vez llamó a su arpa mágica. Jack veía como el arpa comenzaba a tocar música hermosa por sí misma.

La música era tan hermosa que en poco tiempo el gigante adormecido nuevamente empezaba a dormir.

And, when he had finished, he called out again but this time the giant called for his magic harp. Jack watched as the harp began to play beautiful music all by itself.

The music was so beautiful that, before long, the lazy giant was once again fast asleep.

Jack se deslizó en silencio a la mesa. Pero tan pronto como cogió el arpa, ésta comenzó a tocar muy fuerte en sus extrañas manos y el gigante se despertó.

"Fee, Fi, Fo, Fum," gritó el gigante y persiguió al muchacho y su arpa. Jack corrió hacia el tallo y se deslizó hacia abajo.

Jack crept silently up to the table. But as soon as Jack picked up the harp, it began playing very loudly in his strange hands and the giant woke.

"Fee, Fi, Fo, Fum," yelled the giant as he chased after the boy and his harp. Jack raced to the beanstalk and slid down.

Podíasentir el tallosacudirse tan pronto como el gigantecomenzaba a bajar. Por suerte su hacha estaba cerca y comenzó a talar el tallo.

He could feel the stalk shake as the giant climbed down. Luckily, his axe was nearby and he began chopping down the beanstalk.

El tallo se sacudió y se agrietó a causa del peso del gigante y las cortadas de Jack.

Finalmente el tallo se rompió y el gigante cayó a la tierra para no ser visto de nuevo. Jack y sumadrevivieronfelices para siempre.

The beanstalk shook and cracked under the weight of the giant and Jack's efforts.

Finally, the stalk snapped and the giant fell to the earth, never to be seen again. Jack and his mother lived happily ever after.

FIN

THE END

En el límite de un gran bosque vivía un pobre leñador con su mujer y sus dos hijos: el pequeño se llamaba Hansel y la pequeña Gretel.

Tenía muy poco para comer y una vez que el país fue azotado por una gran hambruna no le fue posible procurarse ni el pan cotidiano.

NEAR a great forest there lived a poor woodcutter and his wife and his two children. The little boy's name was Hansel and the little girl's was Gretel. They had very little to eat or drink, and once, when there was great famine in the land, the man couldn't even get them any bread.

Una noche, mientras se atormentaba y se revolvía de inquietud en el lecho, suspiró y dijo a su mujer.

-¿Qué va a ser de nosotros? ¿Cómo podremos alimentar a nuestros pobres hijos si ni siquiera tenemos nada para nosotros?

-Tengo una idea -respondió la mujer-; mañana, bien temprano, llevaremos a los niños a la parte más espesa del bosque. Prenderemos una hoguera para ellos, les daremos un trocito de pan a cada uno, luego nos iremos al trabajo y los dejaremos solos. No encontrarán el camino de regreso y así nos libraremos de ellos.

-¡No, mujer! -respondió el marido-, ¡Yo no haré eso!; no tengo corazón para abandonar a mis hijos en el bosque; las fieras acabarían pronto con ellos.

-Tonto -replicó ella-, entonces moriremos de hambre los cuatro; no tendrás más que alistar nuestros ataúdes.

Y no le dio tregua ni reposo hasta lograr que consintiera.

As he lay in bed one night thinking about this, tossing and turning, he sighed heavily and said to his wife, "What will become of us? How can we feed our young children when we can't even feed ourselves?"

"I'll tell you what, husband," answered the wife, "we'll take the children into the forest early tomorrow morning, to where it's at its thickest. We'll make them a fire, and we'll give each of them a piece of bread, then we'll go about our work and leave them alone. They'll never find their way home again, and we'll be rid of them."

"No, wife," said the man, "I can't do that. I can't find it in my heart to take my children into the forest and leave them there all alone. In no time at all, wild animals would come and eat them up."

"Oh, you fool," she said, "in that case all four of us will starve. You'd better get the coffins ready," and she wouldn't leave him in peace until he agreed.

-Pero aun así esos pobres niños me dan lástima -decía el hombre.

A causa del hambre los dos niños tampoco habían podido dormirse y oyeron lo que la madrastra decía a su padre. Gretel lloró amargamente y dijo Hansel:

-¿Y ahora qué será de nosotros?

-Chist, Gretel -dijo Hansel-. No te preocupes que conseguiré librarnos de esta.

Y cuando, los viejos se durmieron, se levantó, se puso su saconcito, abrió la puerta y salió furtivamente. La luna brillaba intensamente y los pequeños guijarros blancos que estaban diseminados frente a la casa resplandecían como monedas nuevas. Hansel se inclinó y con ellos llenó sus bolsillos. Luego regresó y dijo a Gretel:

-Ten confianza, hermanita querida, y duérmete tranquilamente; Dios no nos abandonara. Y se volvió al lecho.

"But I really pity the poor children," said the man.

The two children hadn't been able to sleep because they were so hungry, and had heard what their stepmother said to their father. Gretel wept pitifully and said to Hansel, "It's all over for us."

"Be quiet, Gretel," said Hansel, "and don't fret. I'll sort something." And when the parents had gone to sleep, he got up, put on his little coat, opened the back door, and slipped out. The moon was shining brightly, and the white pebbles that lay in front of the house glistened like pieces of silver. Hansel bent down and filled the little pocket of his coat with them. Then he went back again and said to Gretel, "Keep calm, dear little sister, and go to sleep quietly. God will not forsake us," and he lay down again in his bed.

Al amanecer, aún antes de que el sol hubiera salido, la mujer llegó a despertar a los dos niños.

-¡Arriba, haraganes!; vamos a buscar leña al bosque.

Luego les dio un trocito de pan a cada uno diciéndoles:

-Tengan, algo para el almuerzo; ¡pero no lo coman antes porque no tendrán nada más!

Gretel puso lodo el pan bajo su delantal porque Hansel tenía los bolsillos llenos con los guijarros. De inmediato todos emprendieron camino hacia el bosque. Al cabo de un corto trecho Hansel se detuvo y miró en dirección de la casa. Así hizo varias veces más hasta que el padre le dijo:

-¿Qué tienes que mirar atrás? ¡Presta atención y apúrate!

At daybreak, and before the sun had risen fully, the wife came and woke the two children, saying, "Get up, you lazy bones; we're going into the forest to cut wood." Then she gave each of them a piece of bread, and said, "That's for dinner, and you mustn't eat it before then because there isn't any more." Gretel carried the bread in her apron because Hansel had his pockets full of pebbles. Then they all set off together for the forest. When they had gone a little way Hansel stood still and looked back towards the house, and he did this time and time again, until his father said to him, "Hansel, what are you looking at? Get a move on."

-Lo que pasa, padre -respondió Hansel- es que miro a mi gatito blanco: está encima del techo y quiere decirme adiós.

-¡Tonto! -dijo la mujer-, no es tu gatito; es el sol de la mañana que brilla en la chimenea.

Sin embargo, Hansel no miraba a su gatito sino que cada vez que se volvía arrojaba al camino uno de los guijarros blancos que llevaba en el bolsillo.

"Oh Father," said Hansel, "I am looking at my little white kitten, sitting up on the roof, saying goodbye."

"You fool," said the woman, "that isn't your kitten, it's the sunshine on the chimney pot." Hansel hadn't been looking at his kitten at all but rather, every now and then, taking a pebble from his pocket and dropping it on the road.

Cuando llegaron al corazón del bosque el padre dijo:

-Ahora recojan leña, hijitos, que voy a prender fuego para que no sientan frío.

Hansel y Gretel hicieron una montañita de ramas. Encendieron el haz y cuando las llamas estuvieron altas la mujer dijo:

-Acuéstense cerca del fuego, hijitos, y descansen; cuando terminemos los venimos a buscar.

Hansel y Gretel permanecieron sentados cerca del fuego y cuando llegó el mediodía cada uno comió su trocito de pan. Como oían los golpes del hacha creían que su padre estaba en las cercanías. Pero no era el hacha lo que sonaba sino una gruesa rama que habían atado a un árbol seco y que de tanto en tanto el viento agitaba. Como permanecieron así tanto tiempo, los ojos se les cerraron de fatiga y se durmieron profundamente.

When they reached the middle of the forest, the father told the children to collect wood to make a fire to keep them warm, and Hansel and Gretel gathered enough brushwood for quite a fire. They set it alight and when the flame was burning quite high the wife said, "Now lie down by the fire and rest, children, and we'll go and cut wood. When we're ready we'll come and fetch you." So Hansel and Gretel sat by the fire, and at noon they each ate their piece of bread. They thought their father was in the wood all the time, as they seemed to hear the strokes of the axe, but really it was only a dry branch hanging from a withered tree that the wind moved back and forth. When they had been there a while, they closed their eyes and fell fast asleep.

Cuando despertaron era noche. Gretel se puso a llorar y dijo:

-¿Cómo haremos ahora para salir del bosque?

Pero Hansel la consoló:

-Espera a que salga la luna: entonces encontraremos fácilmente el camino.

When at last they woke it was night, and Gretel began to cry, saying, "How will we ever get out of this wood?"

But Hansel comforted her, saying, "Wait a little while longer, until the moon rises, and then we'll easily find our way home."

Y cuando la luna llena apareció, Hansel tomó a su hermanita por la mano y se puso en camino siguiendo los pequeños guijarros blancos que al brillar como monedas nuevas les mostraban el rumbo.

Caminaron durante toda la noche y llegaron a casa de su padre al amanecer. Golpearon a la puerta y cuando la mujer abrió y vio que eran Hansel y Gretel, dijo:

-¡Niños malos!; como durmieron tanto en el bosque creíamos que no querían volver más.

Pero el padre, que estaba muy arrepentido de haberlos abandonado, se alegró mucho de verlos.

And when the full moon appeared, Hansel took his little sister by the hand, and followed the road where the pebbles shone like silver, showing them the way home. They walked all night and, at daybreak, they came to their father's house. They knocked at the door, and when the wife opened it and saw it was Hansel and Gretel she said, "You naughty children, why did you sleep in the wood for so long? We thought you were never coming home again!" But their father was glad, for he was heart-broken at leaving them on their own in the woods.

Poco tiempo después, la miseria volvió a abatirse sobre todo el país y los niños oyeron a la mujer que decía una noche a su padre:

-Ya nos comimos casi todo lo que teníamos; nos queda solamente la mitad de un mendrugo y luego se habrá acabado todo. ¡Es necesario que se vayan! los conduciremos más lejos aún dentro del bosque para que no encuentren el camino de regreso: no hay otra salvación para nosotros.

El hombre sintió que un peso le oprimía el corazón y pensó:

-Más valdría compartir el último bocado con tus hijos.

Pero la mujer no quiso escucharle en sus protestas, lo injurió y le hizo reproches. Como lo que siempre vale es el primer paso y como había cedido una primera vez, fue obligado a ceder una segunda.

Not very long after that there was great famine once again in those parts, and the children heard their mother say in bed at night to their father, "Everything's gone; we only have half a loaf, then that's it. The children must go. We will take them further into the wood this time, so that they can't find the way back again; there is no other way for us to manage." The man felt so very sad, and he thought, "The best thing would be to share one's last morsel with one's children." But his wife wouldn't listen to anything he said, she only scolded and reproached him. Whoever says A must say B too, and when a man has given in once he has to do it a second time.

Pero los niños permanecían aún despiertos y habían oído la conversación. Cuando los viejos se durmieron Hansel se levantó y quiso ir a recoger guijarros como la vez anterior pero la mujer había cerrado la puerta con llave y no pudo salir. Sin embargo, consoló a su hermanita y le dijo:

-No llores Gretel y duerme tranquila; ¡Dios nos ayudará!

But the children were not asleep, and heard the entire conversation. When the parents had gone to sleep Hansel got up to go out and get more pebbles, as he had before, but the wife had locked the door and Hansel couldn't get out. Instead, he comforted his little sister, and said, "Don't cry, Gretel, and go to sleep quietly. God will help us."

Al amanecer la mujer vino a buscar a los niños al lecho. Les dio un trozo de pan que era más pequeño que el de la vez anterior. Mientras caminaba hacia el bosque Hansel lo desmigajó en su bolsillo y a cada rato se detenía y arrojaba una miga al suelo.

Early the next morning the wife came and dragged the children out of bed. She gave them each a little piece of bread - less than last time - and on the way to the wood Hansel crumbled the bread in his pocket, stopping often to throw a crumb on the ground.

-¡Hansel! ¿Por qué te detienes a mirar hacia atrás? -dijo el padre-. ¡Vamos, continúa tu camino!

-Miro a mi palomita -respondió Hansel-; está sobre el tejado y quiere decirme adiós.

-¡Tonto! -dijo la mujer-, no es tu palomita, es el sol que resplandece en la chimenea.

Pero poco a poco Hansel fue arrojando todas las migas al camino.

"Hansel, why are you falling behind and what are you staring at?" their father asked.

"I am looking at my little dove sitting on the roof, saying goodbye to me," answered Hansel.

"You fool," said the wife, "that isn't a dove, it's the morning sun shining on the chimney pots." Hansel went on as before, and scattered bread crumbs all along the road.

La mujer condujo a los niños más lejos aún dentro del bosque, hasta un lugar recóndito donde jamás habían estado. Luego encendieron una gran fogata y la madre les dijo:

-Quédense aquí, niños y cuando se cansen pueden dormir un poco. Nosotros vamos a cortar leña en el bosque y a la noche, cuando hayamos terminado, vendremos a buscarlos.

Cuando llegó el mediodía Gretel compartió su pan con Hansel, que había sembrado con su trozo todo el camino. De inmediato se durmieron y el día pasó sin que nade viniera a buscar a los pobres niños.

Se despertaron ya muy entrada la noche y Hansel consoló a su hermanita diciéndole:

-Esperemos a que salga la luna; entonces veremos las migas que dejé caer y ellas nos mostrarán el camino de la casa.

The woman led the children far into the wood, somewhere they'd never been before in their lives. And again there was a large fire, and the mother said, "Sit still there, you children, and when you're tired you can go to sleep. We're going into the forest to cut wood, and this evening, when we're ready to go home, we'll come and fetch you." So, when noon came, Gretel shared her bread with Hansel, who had scattered his along the road. Then they went to sleep, and evening came and went, and no-one came for the poor children. They woke when the night was really dark, and Hansel comforted his little sister saying, "Wait a little, Gretel, until the moon gets up, then we'll find the way home by following the crumbs of bread I've scattered along the road."

Cuando la luna salió, se pusieron en marcha pero no encontraron una sola miga puesto que los miles y miles de pájaros que vuelan sobre bosques y campos las habían comido. Hansel dijo a Gretel:

-¡Encontraremos el camino!

Pero no lo encontraron. Caminaron toda la noche y todo un día desde la mañana a la noche: pero no pudieron salir del bosque. Tenían mucha hambre, ya que no podían comer nada más que algunas bayas que crecían en el suelo. Como estaban tan cansados que sus piernas se negaban a sostenerlos se acostaron bajo un árbol y se durmieron.

They got up when the moon rose, but they couldn't find any crumbs because the birds from the woods and fields had come and picked them up. Hansel thought they might find the way home anyway, but they couldn't. They went on all night and the next day, from morning until evening, but they couldn't find the way out of the wood, and they were very hungry. They had eaten nothing but a few berries they'd been able to find. And when they were so tired that they couldn't longer drag themselves any further, they lay down under a tree and fell asleep.

El tercer amanecer desde que abandonaron la casa paterna comenzó a asomarse. Reemprendieron el camino, hundiéndose cada vez más en el bosque y si pronto alguien no acudía en su ayuda seguramente morirían de hambre.

A mediodía vieron parado en una rama un hermoso pajarito blanco como la nieve. Cantaba tan bien que se detuvieron para escucharlo. Cuando terminó tomó impulso y con un batir de alas voló frente a ellos. Ambos lo siguieron hasta una casita en cuyo techo se posó. Acercándose, vieron que la cabaña estaba hecha de pan, con el techo de pastel: las ventanas eran de pura azúcar.

It was now the third morning since they had left their father's house. They kept trying to get back home, but instead they kept finding themselves deeper in the wood, and they would've starved if help hadn't soon come their way. At about noon, they saw a pretty snow-white bird sitting on a bough, and singing so sweetly that they stopped to listen. And when he had finished, the bird spread his wings and flew in front of them, so they followed after him until they came to a little house. The bird perched on the roof, and when they came nearer they saw that the house was built of bread, the roof from cakes, and the window was pure sugar.

-Aprovechemos -dijo Hansel- para comer bien. Yo voy a comer un trozo de techo y tú, Gretel, puedes comer un trozo de ventana, es muy dulce.

Hansel se subió y rompió un trozo de tejado para probar qué gusto tenía, Gretel se puso a roer algunas baldositas. Fue entonces que una voz muy dulce salió de la sala.

Oigo roedores roer. ¿Quién quiere roer mi chocita?

Los pequeños respondieron:

Es sólo el viento, el hilo del cielo.

"Let's have some of this," said Hansel, "and eat well. I'll eat a piece of the roof, Gretel, and you can have some of the window – that'll taste sweet."

So Hansel reached up and broke off a bit of the roof, just to see how it tasted, and Gretel stood by the window and chewed it. Then they heard a thin voice call out from inside, "Nibble, nibble, like a mouse, who is nibbling at my house?" And the children answered, "Don't worry, it's the wind."

Y continuaron comiendo sin dejarse desconcertar. Hansel, que encontraba el techo muy de su agrado, arranco un gran pedazo y Gretel despegó un vidrio redondo entero, se sentó y se tomó su tiempo para comerlo. De pronto la puerta se abrió y salió una mujer, vieja como el tiempo, apoyada en su bastón. Hansel y Gretel fueron presa de tal terror que dejaron caer lo que tenían en las manos. Pero la vieja movió dulcemente la cabeza y dijo:

-Queridos niños, ¿qué los ha traído hasta aquí? Entren, pues, y quédense en mi casa: nada malo les ocurrirá.

Los tomó a ambos por la mano y los condujo a la casa. Allí les sirvió una buena comida, leche, tortilla de azúcar, manzanas y nueces. Luego les preparó dos camitas bien mullidas; Hansel y Gretel se acostaron y creyeron estar en el paraíso.

And they went on eating, without pausing for breath. Hansel, who found that the roof tasted very nice, took a great piece of it off, and Gretel pulled out a large round window-pane, and sat down to eat it. Then the door opened, and an old woman came out, leaning on a crutch. Hansel and Gretel felt very frightened, and dropped what they had in their hands. The old woman, however, nodded her head, and said, "Ah, my dear children, how do you come to be here? You must come inside and stay with me, you won't be any trouble." So, she took each of them by the hand, and led them into her little house. And there they found a good meal laid out, milk and pancakes, sugar, apples, and nuts. After that she showed them two little white beds, and Hansel and Gretel laid themselves down on them, and thought they were in heaven.

Pero la vieja solamente fingía ser amable; en realidad era una bruja mala que espiaba a los niños pequeños y había construido su casita de pan solamente para atraerlos. Cuando uno caía en su poder, lo mataba, lo cocinaba, lo comía y para ella ese era un día de fiesta.

Las brujas tienen los ojos rojos y la vista de poco alcance pero, en cambio, tienen tanto olfato como los animales del bosque y su nariz siente la proximidad de los hombres. Cuando Hansel y Gretel llegaron a sus dominios, ella sonrió malignamente y dijo:

-¡No se me escaparán!

Despite her kind behavior, the old woman was a wicked witch. She used to lie in wait for children, and had built the little house on purpose to entice them in.

When they were inside, she would kill them, cook them, and eat them, and it was a feast day for her. The witch's eyes were red, and she couldn't see very far, but she had a keen sense of smell, like animals, and knew very well when human beings were nearby. When she sensed that Hansel and Gretel were coming, she gave an evil laugh and said triumphantly, "I've got them, and they won't escape from me!"

Se levantó muy temprano, al amanecer, antes que los niños se despertaran y viéndolos reposar tan dulcemente, con sus mejillas redondas y rojas, murmuró en voz baja:

-¡Qué manjar exquisito!

Entonces tomó a Hansel con su mano descarnada, lo llevó a un pequeño establo y lo encerró detrás de una puerta enrejada. De nada le sirvió

gritar. Luego volvió donde estaba Gretel, la sacudió para despertarla y le gritó:

-¡Levántate, haragana!; anda a buscar agua y prepara algo bueno para tu hermano; está encerrado en el establo y es necesario que engorde. Cuando esté gordo, lo comeré.

Gretel se puso a llorar amargamente pero tuvo que hacer lo que la bruja le ordenaba.

Early in the morning, before the children were awake, she got up to look at them, and while they slept peacefully with round rosy cheeks, she said to herself, "What a fine feast I shall have!" Then she grasped Hansel with her withered hand, and led him to a little stable, shutting him in behind a grating. Call and scream as he might, it did no good. Then she went back to Gretel and shook her, crying, "Get up, lazy bones. Fetch water, and cook something nice for your brother; he's outside in the stable, and has to be fattened up. And when he is fat enough, I'll eat him." Gretel began to weep bitterly, but it was no use, she had to do what the wicked witch told her to do.

Entonces se prepararon para el pobre Hansel los mejores platos y para Gretel sólo quedaban los caparazones de los cangrejos. Todas las mañanas la vieja se arrastraba al pequeño establo y gritaba:

-¡Hansel, muéstrame los dedos para ver si engordas!

And so the very best food was cooked for poor Hansel, while Gretel was given nothing but crab-shells. Each morning the old woman visited the little stable, and cried, "Hansel, stretch out your finger, so that I can tell if you'll soon be fat enough."

Pero Hansel le tendía un huesito y la vieja, que tenía la vista defectuosa y no podía distinguirlo, creía que era uno de los dedos de Hansel y se asombraba de que no engordara. Pasadas cuatro semanas sin que Hansel engordara, la impaciencia la desbordó y no quiso esperar más.

Hansel, however, used to hold out a little bone, and the old woman, who had poor eyesight, couldn't see what it was and, believing it to be Hansel's finger, wondered very much why it wasn't getting any fatter. After four weeks where

Hansel seemed not to be getting any fatter at all she lost patience and decided not to wait any longer.

-¡Gretel! -gritó a la niñita-. ¡Apúrate y trae agua! Gordo o flaco mañana mataré a Hansel y lo cocinaré.

¡Cuánto se lamentaba la pobre hermanita y cómo corrían las lágrimas por su rostro mientras llevaba el agua!

-¡Oh, mi Dios, ayúdanos! -exclamaba. Si las fieras nos hubieran despedazado en el bosque, al menos habríamos muerto juntos.

-Ahórrame tus lloriqueos -dijo la vieja-; no te servirán de nada.

Al amanecer Gretel debió salir, colgar la marmita de agua y encender el fuego.

"Now then, Gretel," she shouted at the little girl, "fetch water quickly. Whether Hansel is fat or lean, tomorrow I must kill and cook him." His poor little sister cried and the tears flowed down her cheeks! "Dear God, pray help us!" she cried. "If we'd been devoured by wild beasts in the wood, at least we would have died together."

"Stop whining," said the old woman, "it won't work." Early next morning Gretel had to get up, make the fire, and fill the kettle.

-Primero -dijo la vieja- vamos a hacer el pan: ya prendí el horno y preparé la masa.

Luego empujó a Gretel hacia el horno de donde salían llamas.

-Entra -dijo la bruja- y ve si hay buena temperatura para hornear el pan.

Cuando Gretel estuviera adentro ella cerraría la puerta, la asaría y se la comería a ella también. Pero la pequeña adivinó lo que la bruja pensaba y le dijo:

-No sé cómo hacer para entrar ahí adentro.

"We'll bake the bread first," said the old woman. "I've heated the oven already, and kneaded the dough." She pushed poor Gretel towards the oven, from which the flames were already leaping. "Get inside," said the witch, "and see if it's really

hot enough to bake the bread." The witch intended to shut her in and bake her once she was in there, then she would have eaten her as well. But Gretel had worked out what she intended and said, "I don't know how to get in."

-¡Boba! -dijo la bruja-, la entrada es bastante grande: ¡fíjate, hasta yo misma podría entrar!

Se acercó hasta el horno y metió la cabeza en la boca. Entonces Gretel la empujó con tanta energía que la bruja se fue hasta el fondo. Luego cerró la puerta de hierro y echó el cerrojo. La vieja lanzaba aullidos horribles pero Gretel escapó y la bruja malvada ardió miserablemente.

Gretel corrió en busca de Hansel, abrió la puerta del establo y exclamó:

-¡Hansel nos hemos salvado!; la vieja bruja se murió.

El pequeño saltó hacia afuera como un pájaro al que le abren la puerta de la jaula.

"Stupid goose," said the old woman, "the opening is big enough, don't you see? I could get in myself!" and she bent down and put her head in the oven's mouth. Then Gretel gave her a push, so that she went in further, then quickly shut the iron door behind her, and put the bar across. Oh, how frightfully she howled! But Gretel ran away, and left the wicked witch to burn miserably. Gretel went straight to Hansel, opened the stable door, and cried, "Hansel, we're free! The old witch is dead!" Then Hansel flew out like a bird from its cage as soon as the door is opened.

La alegría de los niños fue enorme. Se abrazaban, brincaban de un lado para el otro, saltaban. Como no tenían ya nada que temer, entraron a la casa de la bruja; en todos los rincones había cofres llenos de perlas y de piedras preciosas.

They were overjoyed! They hugged each other and danced and jumped about. And as they had nothing more to fear, they went back into the old witch's house, and everywhere they looked they found chests of pearls and precious stones.

-Esto vale más que nuestros guijarritos —dijo Hansel y llenó tanto como pudo sus bolsillos.

-Yo también voy a llevar algo a nuestra casa - dijo Gretel mientras llenaba su delantalcito.

-Ahora hay que partir -dijo Hansel- para abandonar el bosque encantado.

Después de caminar durante algunas horas llegaron al borde de un gran río.

"This is better than pebbles," said Hansel, as he filled his pockets and Gretel, thinking she'd also like to carry something home with her, filled up her apron.

"Now, away we go," said Hansel, "and let's get out of this enchanted forest." After travelling for a few hours, they came upon a big river.

-No podremos pasar -dijo Hansel- no veo pasarela ni puente.

-Tampoco hay bote -dijo Gretel- pero allá hay un pato blanco que está nadando: si se lo pido, nos ayudará a pasar.

Entonces exclamó:

Pato, patito, no hay vado ni puente. Te piden, patito. Hansel y Gretel que sobre tu lomo de pluma los lleves.

El pato se aproximó. Hansel subió sobre sus alas y le dijo a su hermanita que hiciera lo mismo.

-No -respondió Gretel-, sería mucho peso para el patito: nos pasará a uno primero y al otro después.

"We can't cross this," said Hansel, "I can't see any stepping-stones or a bridge."

"And there's no boat either," said Gretel. "Here comes a white duck, though. If I ask her, she'll help us over." So she shouted, "Duck, little duck, we're here, Hansel and Gretel, without stepping-stones or a bridge. Please carry us over on your nice white back." So the duck came over, and Hansel got up on her and told his sister to come too. "No," answered Gretel, "that would be too hard for the duck. We can go separately, one after the other."

Así lo hizo la buena ave y cuando alcanzaron felizmente la orilla opuesta, después de hacer un pequeño tramo del camino, el bosque empezó a resultarles cada vez más conocido hasta que finalmente distinguieron la casa paterna.

Entonces se echaron a correr, se precipitaron en la sala y saltaron al cuello del padre. El hombre no había tenido un solo momento de alegría desde que había abandonado a los niños en el bosque. La mujer había muerto.

Gretel sacudió su delantal de modo que perlas y piedras preciosas se pusieron a brincar en el suelo mientras que Hansel vaciando sus bolsillos, sacaba puñados y puñados.

Se acabaron las preocupaciones y todos vivieron juntos y felices para siempre.

So that was how it happened and, after that, they went on happily until they came to a wood, and the path became more and more familiar, until at last they saw their father's house in the distance. Then they ran up to it, rushed in at the door, and fell into their father's arms. He hadn't known a moment's peace since he'd left his children in the wood. And his wife was now dead. When Gretel opened her apron the pearls and precious stones scattered all over the room, and Hansel took one handful after another out of his pocket. And from then their worries were over, and they lived together very happily.

FIN

THE END

Hace muchos años atrás, en las profundidades de un inmenso bosque se encontraba el hogar de una familia de osos: papá oso, mamá osa y el pequeño hijo oso. Un día, tras hacer todas las camas, limpiar la casa y preparar la sopa para la cena, los tres ositos fueron a dar un paseo por el bosque.

Once upon a time there were three bears who lived in a house in the forest. There was a great big father bear, a middle-sized mother bear and a tiny baby bear.

One morning, their breakfast porridge was too hot to eat, so they decided to go for a walk in the forest.

Mientras estaban fuera de casa, por los alrededores pasaba una niña a la que todos apodaban Ricitos de Oro por sus hermosos cabellos dorados. La niña había salido a recolectar flores y percatándose de la casa de los osos no pudo evitar acercarse. Se puso a merodear la casa recordando que sus padres le habían enseñado a no invadir los espacios ajenos, pero cuando se acercó a la ventana, vio que no había nadie en la casa y un delicioso aroma a comida le golpeó la nariz y se decidió a entrar.

While they were out, a little girl called Goldilocks came through the trees and found their house. She knocked on the door and, as there was no answer, she pushed it open and went inside.

Nada más de poner los pies dentro, Ricitos se dejó llevar por la curiosidad y comenzó a mirar en todos los rincones de la casa. Se acercó a la mesa y vio que habían tres tazones: uno pequeño, otro mediano y otro más grande todavía. Una vez más recordó las enseñanzas de sus padres pero viendo la exquisita sopa que estaba en esos tazones, no pudo resistir la tentación y se lanzó a probarla.

There was a table with three chairs; one large chair, one middle-sized chair and one small chair. On the table were three bowls of porridge; one large bowl, one middle-sized bowl and one small bowl – and three spoons.

Comenzó por el tazón más grande, pero al probarlo, encontró que la sopa estaba demasiado caliente. Entonces pasó al mediano y le pareció que la sopa estaba demasiado fría. Por último, probó del tazón más pequeño y la sopa estaba justo como a ella le gustaba, así que se la tomó toda.

Cuando acabó la sopa, Ricitos de Oro quiso sentarse, así que se subió a la silla más grande pero estaba demasiado dura para ella. Pasó a la silla mediana y le pareció demasiado blanda. Y finalmente decidió sentarse en la silla más pequeña que le resultó tan cómoda como si hubiese estado hecha a su medida. Sin embargo, la débil sillita que no estaba construida para aguantar tanto peso fue cediendo poco a poco hasta que finalmente se rompió.

Goldilocks was hungry and the porridge looked good, so she sat in the great big chair, picked up the large spoon and tried some of the porridge from the big bowl. But the chair was very big and very hard, the spoon was heavy and the porridge too hot.

Goldilocks jumped down quickly and went over to the middle-sized chair. But this chair was far too soft, and when she tried the porridge from the middle-sized bowl it was too cold. So, she went over to the little chair, picked up the smallest spoon and tried some of the porridge from the tiny bowl.

This time it was neither too hot nor too cold. It was just right, and so delicious that she ate it all up. But she was too heavy for the little chair and it broke into pieces under her weight.

Después del susto, Ricitos empezó a sentir un poco de sueño y sin pensárselo dos veces decidió subir a la habitación para probar las camas. Primero probó la cama grande pero era demasiado alta. Luego fue hasta la cama mediana pero ésta era muy baja y por fin probó la cama pequeña, la encontró tan mullida y cómoda que se quedó totalmente dormida.

Next, Goldilocks went upstairs and found three beds. There was a great big bed, a middle-sized bed and a tiny little bed. By now she was feeling rather tired. So she climbed into the big bed and lay down. The big bed was very hard and far too big. Then she tried the middle-sized bed, but that was far too soft. So she climbed into the tiny little bed. It was neither too hard nor too soft. In fact, it felt just right, all cozy and warm. And in no time at all, Goldilocks fell fast asleep.

Mientras Ricitos de Oro dormía los osos se disponían a regresar a su hogar. Poco tardaron en llegar y cuando entraron a la casa se llevaron una gran sorpresa. Nada más entrar el oso grande vio cómo su cuchara estaba dentro del tazón y dijo con una voz muy ruda:

— ¡Alguien ha probado mi sopa!

Mamá oso también vio su cuchara dentro del tazón y exclamó:

— ¡También alguien ha probado mi sopa!

Cuando el osito pequeño se acercó a su tazón dijo con voz apesadumbrada:

— ¡Alguien se ha tomado mi sopa!

While Goldilocks was sleeping, the three bears came back from their walk in the forest. They saw at once that someone had pushed open the door of their house. Father Bear looked around; he looked at his bowl of porridge and saw the spoon in it, and said in his great big growly voice:

"SOMEBODY HAS BEEN EATING MY PORRIDGE!"

Then Mother Bear saw that her bowl had a spoon in it, and said in her quiet voice:

"Somebody has been eating my porridge."

Little Bear looked at his porridge bowl and said in his small squeaky baby voice:

"Somebody has been eating my porridge, and has eaten it all up."

Cuando la familia pasó al salón, papá oso exclamó:

— ¡Alguien se ha sentado en mi silla!

Y mamá oso dijo:

— ¡También alguien se ha sentado en mi silla!

El pequeño osito solo pudo decir con su voz aflautada:

– ¡Alguien se ha sentado en mi sillita y además la ha roto!

Then they looked at their chairs. Father Bear looked around and roared with a growly voice.

"SOMEBODY HAS BEEN SITTING IN MY CHAIR!"

Mother Bear said in a quiet gentle voice:

"Somebody has been sitting in my chair."

Then Little Bear said in small squeaky baby voice:

"Somebody has been sitting in my chair and has broken it!"

Al ver que allí no había nadie, subieron entonces a la habitación para ver si el ladrón de su comida se encontraba todavía en el interior de la casa. Al entrar en la habitación, papá oso dijo:

– ¡Alguien se ha acostado en mi cama!

Y mamá oso exclamó:

– ¡También alguien se ha acostado en mi cama!

Y el osito pequeño dijo:

– ¡Alguien se ha acostado en mi camita y todavía sigue durmiendo!

Then, as they couldn't see anybody, the three bears went upstairs, and Father Bear saw at once that his bed was untidy. He said in his great big growly voice:

"SOMEBODY HAS BEEN SLEEPING IN MY BED!"

Mother Bear saw that her bed, too, had the bedclothes turned back, and she said in her quiet gentle voice:

"Somebody has been sleeping in my bed!"

Then Little Bear looked at his bed and said in his small squeaky baby voice:

"Somebody is sleeping in my bed!"

Mientras los osos se acercaban Ricitos de Oro escuchó la voz fuerte de papá oso pero le pareció que había sido un trueno, y que la voz de mamá oso había sido una dulce voz que le hablaba en sueños pero cuando escuchó la voz aflautada del osito despertó sobresaltada.

De un salto se sentó en la cama mientras los osos la observaban, cruzó hacia el otro lado de la cama y salió corriendo por la ventana sin parar un solo instante hasta que llegó a su casa. Y desde ese momento, Ricitos de Oro nunca más volvió a entrar en casa de nadie sin pedir primero permiso.

He squeaked so loudly that Goldilocks woke up with a start. She jumped out of bed, then out of the window, running as fast as she could into the forest. The three bears never saw her again, and Goldilocks never went into somebody's house without permission again.

FIN

THE END

Vivió en tiempos pasados un emperador tan, pero tan aficionado a la ropa, que gastaba todo su dinero en trajes nuevos. Cuando inspeccionaba las tropas, cuando iba al teatro o cuando andaba de paseo, su único afán era mostrar sus nuevos vestidos. Se cambiaba a cada rato y así como suele decirse que el rey "está en el Consejo", de él decían "el emperador está en el guardarropa".

MANY, many years ago there lived an emperor who liked new clothes so much that he spent all his money on them. His sole ambition was to be well dressed at all times. He didn't care for his soldiers, and theatre didn't amuse him. In fact, the only thing he enjoyed was going out and about and showing off a new suit of clothes. He had a coat for every hour of the day and, as one would usually say that a king was "with his council," about this one you would say "the emperor's in his dressing-room."

La capital era una ciudad llena de alegría gracias a los muchos extranjeros que la visitaban. Un día llegaron dos pillos, haciéndose pasar por tejedores y proclamando que sabían tejer la más bella tela del mundo. Los colores y los diseños eran de gran hermosura, pero además los trajes confeccionados con esa tela tenían una maravillosa virtud: eran invisibles para los que no desempeñaban bien sus cargos o carecían de inteligencia.

The great city where he lived was very lively. Every day many strangers arrived from all parts of the globe. One day, two thieves came to the city. They made people believe that they were weavers and declared they could manufacture the finest cloth to be imagined. Their colors and patterns, they said, were not only exceptionally beautiful, but the clothes made from their material possessed the wonderful quality of being invisible to any man who was unfit for his office or lacking in intelligence.

—Esa ropa no tiene precio —reflexionó el emperador—; con ella podré distinguir a los incapaces de mi gobierno y a los inteligentes de los tontos. Sí, necesito sin falta esa tela.

Así es que adelantó a los pillos una considerable cantidad de dinero para que comenzaran a trabajar de inmediato.

Los pillos, entonces, armaron telares, fingieron que tejían, aunque las bobinas estaban absolutamente vacías. Pedían más y más seda fina y oro más fino todavía, y todo iba dar a sus bolsillos mientras trabajaban hasta altas horas de la noche en sus desocupados telares.

"Those clothes must be wonderful," thought the emperor. "If I were dressed in a suit made from this cloth, I'd be able to find out which men in my empire were unfit for their positions, and I could distinguish the clever from the stupid. I must have this cloth woven for me without delay." And he gave a large sum of money to the thieves, up front, so that they could start work immediately. They set up two looms, and pretended to be very hard at work, but they did nothing whatever on the looms. They asked for the finest silk and the most precious gold cloth. They got rid of everything they were given, and worked at the empty looms until late at night.

—De alguna forma tengo que saber qué han hecho —dijo el emperador.

Se le encogía el corazón al pensar que los tontos y los incapaces no verían la tela. No es que dudara de sí mismo, pero estimó preferible mandar a alguien para que examinara el trabajo antes que él. Los habitantes de la ciudad sabían que la tela tenía una maravillosa virtud y ardían de impaciencia por ver hasta qué punto sus vecinos eran tontos o incapaces.

"By whatever means, I have to know what's going on," said the emperor.

But he felt rather uneasy when he remembered that anyone who was not fit for his office couldn't see the cloth. Personally, he believed that he had nothing to fear, yet he thought it advisable to send somebody else first to see how things were. Everybody in the town knew what a remarkable quality the cloth possessed, and all were anxious to see how bad or stupid their neighbors were.

—Enviaré a mi buen ministro —pensó el emperador— a visitar a los tejedores. Nadie mejor calificado que él para juzgar la tela: se distingue por lo inteligente y por lo capaz.

El honrado y viejo ministro entró al taller donde los impostores trabajaban en sus telares vacíos.

"¡Dios!", pensó, abriendo los ojos de par en par, "no veo nada". Sin embargo, prefirió no decir ni una sola palabra.

Los dos tejedores lo invitaron a acercarse para que pudiera admirar el fino diseño y los maravillosos colores de la tela. Le mostraban los telares vacíos y el pobre ministro abría los ojos sin poder ver cosa alguna, sencillamente porque nada había.

"¡Dios mío!", pensó, "¿seré incapaz? No me atrevo a confesar que la tela es invisible para mí".

"I shall send my honest old minister to the weavers," thought the emperor.

"He can judge best how the cloth looks, for he's intelligent, and nobody understands his office better than he does." The good old minister went into the room where the thieves sat at the empty looms. "Heaven preserve us!" he thought, and opened his eyes wide, "I can't see anything at all," but he didn't say so. Both thieves invited him to come nearer and asked him if he didn't admire the exquisite pattern and beautiful colors, pointing to the empty looms. The poor old minister tried his very best, but he couldn't see anything because there wasn't anything to see. "Oh dear," he thought, "can I be so stupid? I would never have thought so, and nobody must know! Is it possible that I'm not fit for my office? No, no, I can't say that I wasn't able to see the cloth."

—¡Bueno! ¿Qué opina? —le dijo uno de los tejedores.

—¡Bonito, realmente muy bonito! —contestó, poniéndose los anteojos—. Ese diseño y esos colores..., hermosos. Le diré al emperador que he quedado muy satisfecho.

—Lo cual nos causa mucho placer —dijeron los dos tejedores, mostrándole colores y diseños imaginarios y dándoles nombres apropiados. El

anciano ministro puso la mayor atención para luego repetir al emperador una por una las explicaciones.

"Now, what do you think?" one of the thieves asked him, while pretending to be busy weaving. "Oh, it is very pretty, exceedingly beautiful," replied the old minister looking through his glasses. "What a beautiful pattern, what brilliant colors! I shall tell the emperor that I like the cloth very much."

"We are pleased to hear that," said the two weavers, describing the colors and explaining the curious pattern. The old minister listened attentively, so that he'd be able to relate what they'd said to the emperor; and so he did.

Los pillos seguían pidiendo más dinero, seda y oro; eran cantidades enormes las que necesitaban para esa tela. Claro que todo iba a parar a sus bolsillos; el telar siempre vacío y ellos trabajando. Después de pasado algún tiempo, el emperador envió a otro honrado consejero a examinar el tejido y a averiguar si faltaba mucho para terminarlo. Al nuevo delegado le pasó lo mismo que al ministro. Pormásquemiraba y miraba, nada veía.

The thieves asked for more money, silk and gold cloth, all of which they required to weave this fabric. They kept everything for themselves and not a thread came near the loom, but they continued as before to work at the empty looms.

Soon afterwards, the emperor sent another honest courtier to the weavers to see how they were getting on and if the cloth was nearly finished. Like the old minister, he looked and looked but couldn't see anything, as there wasn't anything to see.

—¿No es un tejido maravilloso? —preguntaron los dos impostores, explicándole el soberbio diseño y los primorosos colores que no existían.

"¡Pero yo no soy un estúpido!", pensaba el hombre. "¿Es que no soy capaz de desempeñarme en mi empleo? Raro asunto, pero ya me preocuparé de no perderlo".

Elogió la tela y se deshizo en halagos por el gusto en la elección de los colores y en el diseño.

—Nunca he visto una pieza tan magnífica —dijo al emperador, y toda la ciudad habló de la extraordinaria tela.

"Isn't it a beautiful piece of cloth?" asked the two thieves, showing and explaining the magnificent pattern which, obviously, didn't exist.

"I'm not stupid," thought the man. "I'm therefore not fit for my good appointment. It's very strange, but I mustn't let anyone know," and he praised the cloth, which he couldn't see, and expressed his joy at the beautiful colors and the fine pattern. "It's truly excellent," he said to the emperor.

Everybody throughout the town talked about the precious cloth.

Por último, el emperador mismo quiso verla mientras todavía estuviese en el telar. Con selecta comitiva, en la cual iban los dos honestos funcionarios, visitó a los astutos pillos que seguían tejiendo aplicadamente, aunque sin seda, sin oro y sin hilo alguno.

—¿No es magnífica? —dijo el primer ministro.

—Los colores y el diseño son dignos de Vuestra Alteza —dijo el otro consejero.

Con el dedo le indicaban el telar vacío, como si hubieran visto allí alguna cosa.

At last the emperor wished to see it himself, while it was still on the loom. With a number of courtiers, including the two who had already been there, he went to the two clever thieves who worked as hard as they could without using any thread.

"Is it not magnificent?" asked the two old statesmen who had been there before. "Your Majesty must admire the colors and patterns." And then they pointed to the empty looms, because they believed everybody else could see the cloth.

"¿Qué es esto?", pensó el emperador, "no veo nada. ¡Qué espanto! ¿Seré tonto, entonces? ¿Incapaz de gobernar? No me podía haber sucedido nada peor...". Pero en voz alta exclamó:

—¡Espléndida! Ustedes son testigos de mi satisfacción.

Meneó la cabeza como si estuviera de lo más satisfecho y miró el telar sin atreverse a confesar la verdad. Todos los consejeros, ministros y señores importantes que había en su comitiva hicieron lo mismo, uno tras otro. Aunque no veían nada, repitieron tras el gran emperador:

—¡Espléndida! —y llegaron a aconsejarle que vistiera la nueva tela para el primer desfile importante que hubiese.

"What is this?" wondered the emperor, "I can't see anything at all. This is terrible! Am I stupid? Am I unfit to be emperor? That would indeed be the most dreadful thing that could happen to me."

"Really," he said, turning to the weavers, "your cloth has our most gracious approval." He nodded contentedly as he looked at the empty loom because he didn't want to say that he couldn't see anything. All the attendants with him looked and looked, and although they couldn't see any more than the others, they said, like the emperor, "It is very beautiful." And everybody advised him to wear the new magnificent clothes at a great procession which was happening soon.

—¡Magnífica! ¡Admirable! ¡Hermosa! —exclamaban a coro y el contento era general, aunque no habían visto nada.

Los impostores fueron condecorados y recibieron el título de Tejedores Hidalgos.

La noche anterior al desfile, ambos tejedores se quedaron en pie y trabajando a la luz de dieciséis velas. Todos veían lo muy ocupados que estaban. Por último, hicieron como si retirasen la tela del telar, cortaron el aire con grandes tijeras, cosieron con agujas sin hilo y acabaron anunciando que el traje estaba listo.

"It's magnificent, beautiful, excellent," they were heard to say. Everybody seemed to be delighted, and the emperor appointed the two thieves 'Imperial Court Weavers.' Throughout the night before the procession, the thieves pretended to work and burned through more than sixteen candles.

People would see that they were working away to finish the emperor's new suit. They pretended to take the cloth from the loom, and worked about in the air with big scissors, sewing with needles and no thread, and said at last: "The emperor's new suit is ready now."

Seguido por sus edecanes, el emperador fue a examinarlo y los muy pillos, levantando los brazos como si sostuvieran algo en ellos, dijeron:

—Aquí está el pantalón, aquí la chaqueta, aquí la capa. Traje ligero como una tela de araña. No tema que le pese en el cuerpo. Ahí reside la principal ventaja de esta tela.

—Es verdad —contestaron los edecanes, que nada veían puesto que nada había.

The emperor and all his barons then came to the hall. The thieves held their arms up as if they were holding something in their hands and said: "These are the trousers!" "This is the coat!" and "Here is the cloak!" and so on. "They are all as light as a cobweb, and one feels as if one were wearing nothing at all, but that is just part of their beauty."

"Indeed!" all the courtiers said, but they couldn't see anything, for there wasn't anything to see.

—Si Vuestra Alteza tiene la bondad de desnudarse, probaremos el traje ante el gran espejo.

El emperador se sacó la ropa y los bribones hicieron como si le fueran pasando una a una las nuevas prendas. Finalmente le sujetaron la larga capa que dos nobles cortesanos debían sostener.

Él se volvió hacia el espejo y se miró de un lado y del otro.

—¡Por Dios! ¡Qué bien le queda! ¡Qué hechura más elegante! —exclamaron al mismo tiempo todos los cortesanos.

—¡Qué diseño! ¡Qué colores! ¡Qué traje tan magnífico!

El gran maestro de ceremonia entró.

—El palio de Vuestra Alteza espera en la puerta para ir al desfile.

"Does it please your Majesty to undress now," the thieves asked, "so that we may assist your Majesty in putting on the new suit before the large looking-glass?" The

emperor undressed, and the swindlers pretended to dress him in the new suit, one piece after another, while the emperor looked at himself in the glass from every side. "How well they look! How well they fit!" everyone said. "What a beautiful pattern! What fine colors! That is a magnificent suit of clothes!" The master of ceremonies announced that the bearers of the canopy, which would be carried in the procession, were ready.

—¡Bien! Estoy listo —contestó el emperador—. Creo que el traje no me sienta demasiado mal.

Volvió a mirarse en el espejo para gozar con su esplendor. Los chambelanes encargados de llevar la cola hicieron como que levantaban algo del suelo y lo alzaron entre las manos, sin querer admitir que no veían absolutamente nada.

"I am ready," said the emperor. "Doesn't my suit fit me brilliantly?" Then he turned once more to the looking-glass, so that people would think he was admiring his garments. The chamberlains, who were to carry the train, stretched their hands to the ground as if they were lifting a train, and pretended to hold something in their hands. They didn't want people to know that they couldn't see anything.

El emperador marchaba ufano por el desfile bajo su magnífico palio. Toda la gente de la cuidad había salido a la calle o lo miraba por los balcones y ventanas. Y decían:

—¡Qué traje más regio! ¡Qué cola tan adorable! ¡Qué caída perfecta!

Nadie reconocía la verdad, temiendo ser tildado de tonto o de incapaz para desempeñarse en su empleo. Nunca traje alguno del emperador alcanzó tales niveles de admiración.

The emperor marched in the procession under the beautiful canopy, and all who saw him in the street and out of the windows exclaimed: "Indeed, the emperor's new suit is incomparable! What a long train he has! How well it fits him!" Nobody wanted to admit to others that they saw nothing, because then they would have been considered unfit for office or just too stupid. Never were an emperor's new clothes admired more.

—Me parece que va sin ropa —observó un niñito.

—¡Señor, es la voz de la inocencia! —lo excusó el padre.

Pero pronto se elevaron murmullos repitiendo las palabras del niño.

—¡Un niñito dijo que el emperador no llevaba ninguna ropa!

—¡No lleva ropa! —gritó por fin el pueblo.

El emperador se sintió extremadamente mortificado, pues creía que estaban en lo cierto. Pero tras una reflexión, decidió lo siguiente:

—Pase lo que pase, ¡debo permanecer así hasta el final!

Se irguió con más orgullo aún y sus chambelanes siguieron llevándole la cola que no existía.

"But he has nothing on at all," said a little child at last. "Good heavens! Listen to the voice of an innocent child," said the father, and then one person whispered to the next what the child had said. "But he has nothing on at all," everybody cried at last. That affected the emperor deeply because he believed them to be right. But he thought to himself, "Now I must keep going right to the end." And the chamberlains walked with even greater dignity, as they pretended to carry the imaginary train.

FIN

THE END

Había una vez veinticinco soldaditos de plomo, hermanos todos, ya que los habían fundido en la misma vieja cuchara. Fusil al hombro y la mirada al frente, así era como estaban, con sus espléndidas guerreras rojas y sus pantalones azules. Lo primero que oyeron en su vida, cuando se levantó la tapa de la caja en que venían, fue: "¡Soldaditos de plomo!" Había sido un niño pequeño quien gritó esto, batiendo palmas, pues eran su regalo de cumpleaños. Enseguida los puso en fila sobre la mesa. Cada soldadito era la viva imagen de los otros, con excepción de uno que mostraba una pequeña diferencia. Tenía una sola pierna, pues al fundirlos, había sido el último y el plomo no alcanzó para terminarlo. Así y todo, allí estaba él, tan firme sobre su única pierna como los otros sobre las dos. Y es de este soldadito de quien vamos a contar la historia.

Once upon a time there were twenty-five tin soldiers, all brothers because they had all been made out of the same old tin spoon. They shouldered arms and looked straight ahead, and wore a splendid red and blue uniform. The first thing they ever heard were the words "Tin soldiers!" uttered by a little boy, who clapped his hands with delight when the lid of the box they were in was taken off. He was given them as a birthday present, and he stood at the table to set them up. The soldiers were all exactly alike, except one, who only had one leg; he had been left to last, and there wasn't enough melted tin to finish him off, so they made him to stand firmly on one leg, which meant that he stood out.

En la mesa donde el niño los acababa de alinear había otros muchos juguetes, pero el que más interés despertaba era un espléndido castillo de papel. Por sus diminutas ventanas podían verse los salones que tenía en su interior. Al frente había unos arbolitos que rodeaban un pequeño espejo. Este espejo hacía las veces de lago, en el que se reflejaban, nadando, unos blancos cisnes de cera. El conjunto resultaba muy hermoso, pero lo más bonito de todo era una damisela que estaba de pie a la puerta del castillo. Ella también estaba hecha de papel, vestida con un vestido de clara y vaporosa muselina, con una estrecha cinta azul anudada sobre el hombro, a manera de banda, en la que lucía una brillante lentejuela tan grande como su cara. La damisela tenía los dos brazos en alto, pues han de saber ustedes que era bailarina, y había alzado tanto una de sus piernas que el soldadito de plomo no podía ver dónde estaba, y creyó que, como él, sólo tenía una.

There were many other toys on the table where the tin soldiers stood, and the thing that caught the eye was a pretty little paper castle. You could see the rooms through the small windows and, in front of the castle, a number of little trees surrounded a piece of looking-glass which was supposed to look like a clear lake. Swans made of wax swam on the lake, and you could see their reflections in it. This was all very pretty, but the prettiest thing of all was a tiny little lady who stood at the open door of the castle. She was also made of paper, and she wore a dress of clear muslin, with a narrow blue ribbon worn over her shoulders like a scarf. She also wore a glittering tinsel rose, which was as large as her face. The little lady was a dancer, and she stretched out both arms and raised one of her legs so high that the tin soldier couldn't see it and he thought that she, like himself, only had one leg.

"Ésta es la mujer que me conviene para esposa", se dijo. "¡Pero qué fina es; si hasta vive en un castillo! Yo, en cambio, sólo tengo una caja de cartón en la que ya habitamos veinticinco: no es un lugar propio para ella. De todos modos, pase lo que pase trataré de conocerla."

Y se acostó cuan largo era detrás de una caja de tabaco que estaba sobre la mesa. Desde allí podía mirar a la elegante damisela, que seguía parada sobre una sola pierna sin perder el equilibrio.

"That is the wife for me," he thought. "But she is too grand, and lives in a castle, while I live in a box with twenty-four others, and that's no place for her. Still, I have to try to meet her."

Then he lay down on the table behind a snuff-box so that he could watch the delicate little lady who was still standing and balancing on one leg.

Ya avanzada la noche, a los otros soldaditos de plomo los recogieron en su caja y toda la gente de la casa se fue a dormir. A esa hora, los juguetes comenzaron sus juegos, recibiendo visitas, peleándose y bailando. Los soldaditos de plomo, que también querían participar de aquel alboroto, se esforzaron ruidosamente dentro de su caja, pero no consiguieron levantar la tapa. Los cascanueces daban saltos mortales, y la tiza se divertía escribiendo bromas en la pizarra. Tanto ruido hicieron los juguetes, que el canario se despertó y contribuyó al escándalo con unos trinos en verso. Los únicos que ni pestañearon siquiera fueron el soldadito de plomo y la bailarina. Ella permanecía erguida sobre la punta del pie, con los dos brazos al aire; él no estaba menos firme sobre su única pierna, y sin apartar un solo instante de ella sus ojos.

When night came, the other tin soldiers were all placed in their box, and the people of the house went to bed. Then the toys began to play their own games, visiting each other, having mock fights, and playing ball games. The tin soldiers rattled in their box: they wanted to get out and join in the fun but they couldn't open the lid. The nutcrackers played leap-frog, and the pencil jumped about on the table. There was such a noise that the canary woke up and began to talk poetically. Only the tin soldier and the dancer remained in their places. She stood on tiptoe, as firmly as he did on his one leg, with her leg stretched out. He didn't take his eyes off her for even a moment.

De pronto el reloj dio las doce campanadas de la medianoche y -¡crac!- se abrió la tapa de la caja de rapé... Más, ¿creen ustedes que contenía tabaco? No, lo que allí había era un duende negro, algo así como un muñeco de resorte.

-¡Soldadito de plomo! -gritó el duende-. ¿Quieres hacerme el favor de no mirar más a la bailarina?

Pero el soldadito se hizo el sordo.

-Está bien, espera a mañana y verás -dijo el duende negro.

The clock struck twelve and, with a bounce, the lid of the snuffbox sprang open. Instead of snuff, though, a little black goblin appeared because the snuffbox was actually a toy puzzle.

"Tin soldier," said the goblin, "don't wish for what doesn't belong to you."

But the tin soldier pretended not to hear.

"Very well, wait until tomorrow, then," the goblin said.

Al otro día, cuando los niños se levantaron, alguien puso al soldadito de plomo en la ventana; y ya fuese obra del duende o de la corriente de aire, la ventana se abrió de repente y el soldadito se precipitó de cabeza desde el tercer piso. Fue una caída terrible. Quedó con su única pierna en alto, descansando sobre el casco y con la bayoneta clavada entre dos adoquines de la calle.

La sirvienta y el niño bajaron apresuradamente a buscarlo; pero aun cuando faltó poco para que lo aplastasen, no pudieron encontrarlo. Si el soldadito hubiera gritado: "¡Aquí estoy!", lo habrían visto. Pero él creyó que no estaba bien dar gritos, porque vestía uniforme militar.

When the children came in the next morning, they placed the tin soldier by the window. Now, whether it was the goblin who did it or the draught, we don't know, but the window flew open and the tin soldier fell out, head over heels, from the third story of the house to the street below. It was a terrible fall, head first, and his helmet and bayonet got stuck between the flagstones, and his one leg was up in the air. The maid and the little boy went down stairs straightaway to look for him but they couldn't see him anywhere, even though they nearly trod on him. If he had called out, "I'm here," it would have been all right, but he was too proud to cry out for help when in uniform.

Luego empezó a llover, cada vez más y más fuerte, hasta que la lluvia se convirtió en un aguacero torrencial. Cuando escampó, pasaron dos muchachos por la calle.

-¡Qué suerte! -exclamó uno-. ¡Aquí hay un soldadito de plomo! Vamos a hacerlonavegar.

It soon began to rain, and the raindrops fell faster and faster, until there was a heavy shower. When it was over, two boys happened to pass by, and one of them said, "Look, there's a tin soldier. He needs a boat to sail in."

Y construyendo un barco con un periódico, colocaron al soldadito en el centro, y allá se fue por el agua de la cuneta abajo, mientras los dos muchachos corrían a su lado dando palmadas. ¡Santo cielo, cómo se arremolinaban las olas en la cuneta y qué corriente tan fuerte había! Bueno, después de todo ya le había caído un buen remojón. El barquito de papel saltaba arriba y abajo y, a veces, giraba con tanta rapidez que el soldadito sentía vértigos. Pero continuaba firme y sin mover un músculo, mirando hacia adelante, siempre con el fusil al hombro.

De buenas a primeras el barquichuelo se adentró por una ancha alcantarilla, tan oscura como su propia caja de cartón.

So they made a boat out of newspaper, put the tin soldier in it, then sent him sailing down the gutter. The two boys ran alongside clapping their hands. Good gracious, the rain had been so heavy that there were large waves in the gutter and the water ran very fast. The paper boat rocked up and down, and turned itself round so quickly that the tin soldier trembled, but he remained strong, his expression didn't change. He looked straight ahead, and shouldered his musket. Suddenly, the boat shot under a bridge which was part of a drain, and then it went as dark as the tin soldier's box.

"Me gustaría saber adónde iré a parar", pensó. "Apostaría a que el duende tiene la culpa. Si al menos la pequeña bailarina estuviera aquí en el bote conmigo, no me importaría que esto fuese dos veces más oscuro."

Precisamente en ese momento apareció una enorme rata que vivía en el túnel de la alcantarilla.

-¿Dónde está tu pasaporte? -preguntó la rata-. ¡A ver, enséñame tu pasaporte!

Pero el soldadito de plomo no respondió una palabra, sino que apretó su fusil con más fuerza que nunca. El barco se precipitó adelante, perseguido de cerca por la rata. ¡Ah! Había que ver cómo rechinaba los dientes y cómo les gritaba a las estaquitas y pajas que pasaban por allí.

-¡Deténgalo! ¡Deténgalo! ¡No ha pagado el peaje! ¡No ha enseñado el pasaporte!

"I'd like to know where I'm going now," he thought. "This is the black goblin's fault, I'm sure. Ah well, if the little lady were here in the boat with me, I wouldn't be at all worried about the dark."

Suddenly there appeared a great water-rat, who lived in the drain.

"Do you have a passport?" asked the rat. "Give it to me at once." But the tin soldier remained silent and held his musket tighter than ever. The boat sailed on and the rat followed it. He gnashed his teeth and cried out to the bits of wood and straw, "Stop him, stop him! He hasn't paid the toll or shown his pass."

La corriente se hacía más fuerte y más fuerte y el soldadito de plomo podía ya percibir la luz del día allá, en el sitio donde acababa el túnel. Pero a la vez escuchó un sonido atronador, capaz de desanimar al más valiente de los hombres. ¡Imagínense ustedes! Justamente donde terminaba la alcantarilla, el agua se precipitaba en un inmenso canal. Aquello era tan peligroso para el soldadito de plomo como para nosotros el arriesgarnos en un bote por una gigantesca catarata.

But the stream rushed on stronger and stronger and the tin soldier could make out daylight in the distance at the end of the tunnel. Then he heard a roaring sound, terrible enough to frighten the bravest man. At the end of the tunnel, there was a steep drop where the water fell into a large canal, making it as dangerous for him as a waterfall would be for us.

Por entonces estaba ya tan cerca, que no logró detenerse, y el barco se abalanzó al canal. El pobre soldadito de plomo se mantuvo tan derecho como pudo; nadie diría nunca de él que había pestañeado siquiera. El barco dio dos o tres vueltas y se llenó de agua hasta los bordes; se hallaba a punto de zozobrar. El soldadito tenía ya el agua al cuello; el barquito se hundía más y más; el papel, de tan empapado, comenzaba a deshacerse. El agua se iba cerrando sobre la cabeza del soldadito de plomo... Y éste pensó en la linda bailarina, a la que no vería más, y una antigua canción resonó en sus oídos:

¡Adelante, guerrero valiente!

¡Adelante, te aguarda la muerte!

He was too close to it to stop, so the boat rushed on and the poor tin soldier held himself steady, without moving an eyelid, to show that he wasn't afraid. The boat whirled round three or four times, and then it filled up with water and nothing could stop it sinking. He stood up to his neck in water and the boat sank deeper and deeper. The water made the paper soft and soggy until, at last, the water closed over the soldier's head. He thought of the elegant little dancer he'd never see again, and the words of an old song played in his ears: "Farewell, warrior! Ever brave, Drifting onward to thy grave."

En ese momento el papel acabó de deshacerse en pedazos y el soldadito se hundió, sólo para que al instante un gran pez se lo tragara. ¡Oh, y qué oscuridad había allí dentro! Era peor aún que el túnel, y terriblemente incómodo por lo estrecho. Pero el soldadito de plomo se mantuvo firme, siempre con su fusil al hombro, aunque estaba tendido cuan largo era.

Súbitamente el pez se agitó, haciendo las más extrañas contorsiones y dando unas vueltas terribles. Por fin quedó inmóvil. Al poco rato, un haz de luz que parecía un relámpago lo atravesó todo; brilló de nuevo la luz del día y se oyó que alguien gritaba:

-¡Un soldadito de plomo!

Then the paper boat fell to pieces, and the soldier sank into the water, only to be swallowed up by a big fish. Oh, how dark it was inside the fish! It was a great deal darker than in the tunnel, and narrower too, but the tin soldier stayed strong, and stretched out shouldering his musket. The fish swam back and forth, making the most wonderful movements, but at last he stopped. After a while, a flash of lightning seemed to pass through him, and it was daylight. Then, a voice cried out, "I declare, here's the tin soldier."

El pez había sido pescado, llevado al mercado y vendido, y se encontraba ahora en la cocina, donde la sirvienta lo había abierto con un cuchillo. Cogió con dos dedos al soldadito por la cintura y lo condujo a la sala, donde todo el mundo quería ver a aquel hombre extraordinario que se dedicaba a viajar dentro de un pez. Pero el soldadito no le daba la menor importancia a todo aquello.

The fish had been caught, taken to market and sold to a cook, who took him into the kitchen and cut him open with a large knife. She picked up the soldier and held him by the waist between her finger and thumb, and carried him into the room. They were all anxious to see this wonderful soldier who had travelled about inside a fish, but the soldier didn't care about that at all.

Lo colocaron sobre la mesa y allí... en fin, ¡cuántas cosas maravillosas pueden ocurrir en esta vida! El soldadito de plomo se encontró en el mismo salón donde había estado antes. Allí estaban todos: los mismos niños, los mismos juguetes sobre la mesa y el mismo hermoso castillo con la linda y pequeña bailarina, que permanecía aún sobre una sola pierna y mantenía la otra extendida, muy alto, en los aires, pues ella había sido tan firme como él. Esto conmovió tanto al soldadito, que estuvo a punto de llorar lágrimas de plomo, pero no lo hizo porque no habría estado bien que un soldado llorase. La contempló y ella le devolvió la mirada; pero ninguno dijo una palabra.

They placed him on the table, and there, well, what bizarre things happen in the world! There he was in the very same room with the window he'd fallen through, there were the same children, the same toys standing on the table, and the same pretty castle with the elegant little dancer at the door. She was still balancing on one leg, and holding up the other, making her as steady as he was. The tin soldier was so pleased to see her that he almost wept tin tears, but he held them back. He looked at her and they both remained silent.

De pronto, uno de los niños agarró al soldadito de plomo y lo arrojó de cabeza a la chimenea. No tuvo motivo alguno para hacerlo; era, por supuesto, aquel muñeco de resorte el que lo había movido a ello.

El soldadito se halló en medio de intensos resplandores. Sintió un calor terrible, aunque no supo si era a causa del fuego o del amor. Había perdido todos sus brillantes colores, sin que nadie pudiese afirmar si a consecuencia del viaje o de sus sufrimientos. Miró a la bailarina, lo miró ella, y el soldadito sintió que se derretía, pero continuó impávido con su fusil al hombro. Se abrió una puerta y la corriente de aire se apoderó de la bailarina, que voló como una sílfide hasta la chimenea y fue a caer junto al soldadito de plomo, donde ardió en una repentina llamarada y desapareció. Poco después el soldadito se acabó de derretir. Cuando a la mañana siguiente la sirvienta removió las cenizas lo encontró en forma de un pequeño corazón de plomo; pero de la bailarina no había quedado sino su lentejuela, y ésta era ahora negra como el carbón.

Straightaway, one of the little boys picked up the tin soldier and threw him into the stove. He had no reason to do that, so it must have been the black goblin in the snuffbox who made him do it. The flames lit up the tin soldier and the heat was unbearable, but he couldn't tell if it came from the real fire or from the fire of love! Then he noticed that the bright colors of his uniform had faded, but no-one knew if they had been washed off during his journey or by the effects of his sorrow. He looked at the little lady, and she looked at him. He felt himself melting away, but he still remained steady with his gun on his shoulder. Suddenly a door flew open and the draught picked up the little dancer, wafting her like a sylph right into the stove next to the tin soldier, and then she was instantly swallowed up by the flames. The tin soldier melted down into a lump and, the next morning, when the maid took the ashes out of the stove, she found him in the shape of a little tin heart. Only the tinsel rose remained of the little dancer, and that was burnt as black as coal.

FIN

THE END

Había una vez una dulce niña, a la que todo el mundo le gustaba, pero sobre todo la adoraba su abuela, una vez con sus propias manos le tejió una caperuza de terciopelo rojo. Debido a que le iba muy bien, y que ella se la ponía todo el tiempo, llegó a ser conocida como Caperucita Roja.

THERE WAS once a sweet little girl, much beloved by everybody, but most of all by her grandmother. Once she made, with her own hands, a little riding hood of red velvet. It suited her so well and she never wore anything else, so people started calling her 'Little Red Riding Hood'.

Un día, su madre le dijo: "Ven, Caperucita Roja, aquí tienes un pedazo de bizcocho y una botella de vino, llévaselos a tu abuela, ella está enferma y débil, y le harán bien. Salúdala de mi parte, ten mucho cuidado por el camino y nunca salgas de él, podrías lastimarte o lastimar la cesta con la comida para tu abuela.

One day her mother said to her, "Come, Little Red Riding Hood, here are some cakes and a flask of wine for you to take to grandmother. She is weak and ill, and they will do her good. Hurry and set out before it gets too hot, and walk properly and nicely, and don't run, or you might fall and break the flask of wine, then there wouldn't be any left for grandmother. And when you go into her room, don't forget to say good morning, instead of staring about you."

"I'll be sure to take care," Little Red Riding Hood promised her mother.

Caperucita Roja prometió obedecer a su madre. La abuela vivía al otro lado del bosque, a media hora del pueblo. Cuando Caperucita Roja entró en el bosque un lobo empezó a seguirla y observarla desde la espesura, y cuando ya estaba en la mitad del bosque, salto al camino y empezó a preguntarle cosas, ella era una niña muy inocente y buena, y no sabía qué aquel animal tan perverso era malvado, y no le tenía miedo.

The grandmother lived in the wood, half an hour's walk from the village, and when Little Red Riding Hood reached the wood, she met a wolf. She didn't actually know what a bad animal he was, so she didn't feel frightened.

-Buenos días, Caperucita Roja

-Buenos días, lobo.

-¿Adónde vas tan temprano, Caperucita Roja?

-A visitar a mi abuela.

-¿Y qué llevas debajo de tu delantal?

Mi abuela está enferma y débil, y le estoy llevando un poco de pastel y vino, que pensamos que deben darle fuerzas".

"Caperucita Roja, ¿dónde vive tu abuela?"

"Su casa está al salir del bosque, siguiendo este camino, está a las afueras del pueblo, debajo de los tres robles grandes, tiene un seto de avellanos, debes conocer el lugar", dijo Caperucita Roja.

"Good day, Little Red Riding Hood," he said. "Thank you very much, Mr Wolf," she answered. "Where are you going so early, Little Red Riding Hood?"

"To my grandmother's."

"What are you carrying under your apron?"

"Cakes and wine. We baked yesterday, and my grandmother is very weak and ill, so they will do her good and help her to feel better."

"Where does your grandmother live, Little Red Riding Hood?"

"A quarter of an hour's walk from here; her house stands beneath the three oak trees, the ones which have three hazel bushes near them," said Little Red Riding Hood.

El lobo pensó para sí mismo, "Que dos buenos bocado para llevarse a la boca, ¿cómo podré atraparlas?

Entonces él dijo:

"Escucha, Caperucita Roja, ¿no has visto las hermosas flores que están floreciendo en el bosque? ¿Por qué no vas a echar un vistazo y también podrás oír lo bien que cantan los pajaritos, seguro que podrás disfrutar de todas las cosas bonitas que tiene el bosque ".

The wolf thought to himself, "That tender young thing would be a delicious thing to eat, and would taste better than the old one. I must work out a way to get both of them." Then he walked with Little Red Riding Hood for a little while, and said, "Little Red Riding Hood, just look at the pretty flowers growing all round you. Listen to the birds' songs. You're walking along just as if you were going to school, yet it's so delightful out here in the wood."

Caperucita Roja abrió los ojos y vio la luz del sol rompiendo entre los árboles y cómo el suelo estaba cubierto de hermosas flores. Ella pensó: "Voy a recoger un bonito ramo de flores para mi abuela, se pondrá muy contenta. De todos modos, todavía es temprano, y voy a llegar a su casa en un momento." Y corrió hacia el bosque buscando flores. Cada vez que encontraba una bonita flor, veía otra aún más bonita, y corría tras ella, alejándose más y más del camino.

Little Red Riding Hood glanced round her, and when she saw the sunbeams passing here and there through the trees, and the lovely flowers everywhere, she thought to herself, "If I were to take a fresh bunch of flowers to my grandmother she would be very pleased, and it's still early so I've plenty of time," and she ran about in the wood, looking for flowers. And as she picked each one she saw a still prettier one a little further away, and so she went further and further into the wood and away from the path.

Mientras tanto, el lobo corrió directamente a la casa de la abuela y llamó a la puerta, TOC, TOC, TOC.

"¿Quién está ahí?"

"Caperucita Roja. Te traigo un poco de pastel y vino, abre la puerta."

"Sólo levanta el pestillo", gritó la abuela. "Estoy demasiado débil para levantarme".

El lobo presionó el pestillo, y la puerta se abrió. Entró, fue directamente a la cama de la abuela y se la comió. Luego se puso el camisón de la abuela, y el gorro, y después de cerrar las cortinas, se metió en la cama.

The wolf, though, went straight to the grandmother's house and knocked on the door. "Who's there?" cried the grandmother. "Little Red Riding Hood," he answered, "and I have brought you some cake and wine. Please open the door."

"Lift the latch," cried the grandmother, "I'm too weak to get up." The wolf lifted the latch, and the door flew open, and he fell on the grandmother and ate her up without saying a word. Then he put her clothes on, including her cap, got into her bed, and then pulled the bedcurtains closed around him.

Caperucita Roja había estado recogiendo flores, hasta tener un precioso ramo para regalar a su abuela. Cuando llegó, encontró, para su sorpresa, que la puerta estaba abierta. Entró, y todo parecía tan extraño que pensó: "¡Oh, Dios mío!, ¿por qué tengo tanto miedo?, por lo general me gusta la casa de mi abuela". Luego fue hacia la cama y retiró las cortinas. La abuela estaba tapada con las sabanas, con la gorra puesta sobre la cara y a ella le parecía muy extraña.

Little Red Riding Hood was still running about among the flowers, and when she had gathered as many as she could carry, she remembered her grandmother, and set off to go and see her. She was surprised to find the door standing open, and when she went inside she felt very strange, thinking to herself, "Oh dear, I feel very uncomfortable here, yet I was so glad this morning to be seeing my grandmother!" When she said, "Good morning," there was no answer. So, she went up to the bed and drew back the curtains. Her grandmother was lying there with her cap pulled over her eyes, and she looked very odd.

-¡Oh, abuela, qué orejas más grandes tienes!

"Para escucharte mejor."

-¡Oh, abuela, qué ojos tan grandes tienes!

"Para verte mejor."

-¡Oh, abuela, qué manos más grandes tienes!

-¡Para cogerte mejor!

-¡Oh, abuela, qué boca tan grande tienes!

-¡Para comerte mejor! Y salto de la cama, sobre Caperucita Roja y se la comió. Tan pronto como el lobo terminó este sabroso bocado, volvió a la cama, se durmió y empezó a roncar muy fuerte.

"Oh grandmother, what large ears you have!"

"All the better to hear you with."

"Oh grandmother, what large eyes you have!"

"All the better to see you with."

"Oh grandmother, what large hands you have!"

"All the better to hold you with."

"But, grandmother, what a large mouth you have!"

"All the better to eat you with!"

And no sooner had the wolf said this than he jumped from the bed, and swallowed up poor Little Red Riding Hood.

Then the wolf, having satisfied his hunger, lay down again, went to sleep, and began to snore loudly.

Un cazador que pasó cerca de la casa. Pensó que era raro que la vieja roncaba tan fuerte, por lo que decidió echar un vistazo. Entró y en la cama estaba el lobo que el cazador había estado buscando por el bosque durante tanto tiempo. "Él cazador pudo darse cuenta que el lobo acababa de comerse un gran bocado, y pensó que sería la abuela, y pensó que aún podría salvarla. No le dispararé", así que tomó unas tijeras y abrió el vientre del lobo.

Había cortado solo una pequeña parte de la barriga del lobo, cuando ya pudo ver como brillaba el gorro de Caperucita Roja, cortó un poco más y la muchacha saltó y gritó: -¡Oh, estaba tan asustada, estaba tan oscuro dentro de la barriga del lobo!

Y entonces la abuela salió con vida también. Entonces Caperucita Roja buscó algunas grandes piedras pesadas. Llenaron el cuerpo del lobo con ellas, y cuando se despertó y trató de huir, las piedras eran tan pesadas que cayó muerto.

A huntsman heard him as he was passing by the house, and thought, "How the old woman snores. I'd better see if there is anything the matter with her." Then he went into the room, and walked up to the bed, and saw the wolf lying there. "At last I've found you, you old rogue!" he said. "I've been looking for you for a long time." And he decided the wolf must have swallowed the grandmother whole, but that he might be able to save her. So he took a pair of shears and began to slit open the wolf´s body. After a few small cuts Little Red Riding Hood appeared, and after a few more cuts she was able to jump out. She cried, "Oh dear, I've been so frightened! It's so dark inside the wolf." And then the old grandmother came out, still living and breathing. But Little Red Riding Hood went and quickly fetched some large stones. She put them into the wolf's body, so that when he woke up and tried to rush away, the stones would be so heavy that he would drop down and die.

Los tres estaban contentos. El cazador cogió la piel del lobo. La abuela se comió el pastel y bebió el vino que Caperucita Roja había traído. Y Caperucita Roja pensó para sí misma: "Mientras viva, nunca abandonaré el camino y nunca hablaré con extraños."

All three of them were very pleased. The huntsman took the wolf's skin and carried it home. The grandmother ate the cakes, and drank the wine, and held up her head again. And Little Red Riding Hood said to herself that she would never again stray into the wood on her own, but would stick to doing what her mother told her.

También cuenta que en otra ocasión cuando Caperucita Roja le llevaba otros alimentos a su abuela, se encontró con otro lobo, que también le dijo que se desviara del camino, pero Caperucita Roja no le hizo caso, y se fue rápidamente a casa de su abuela, y se lo contó todo. Y las dos se prepararon por si el lobo las visitaba.

I must also tell you how, a few days later, Little Red Riding Hood was taking cakes to her grandmother again when another wolf spoke to her, and wanted to tempt her to leave the path. She was on her guard, though, and went straight on her way, and told her grandmother how the wolf had met her, and wished her good day, but had seemed so wicked that she thought he would have eaten her up if she hadn't been on the main road.

-Ven -dijo la abuela-. Cerremos la puerta para que no pueda entrar.

Poco después, el lobo llamó a la puerta y gritó: -Abre, abuela, soy Caperucita Roja, y te traigo cosas muy buenas que ha preparado mi mamá.

Permanecieron en silencio y no abrieron la puerta. El feroz lobo dio varias vueltas a la casa, pero como no pudo entrar por ninguna puerta ni ventana, dio un salto y se escondió sobre el tejado, intentaba esperar a que Caperucita Roja saliera de la casa en dirección al bosque, y atacarla por el camino.

"Come," said the grandmother, "we will shut the door so that he can't get in." Soon after the wolf came knocking on the door, and called out, "Open the door, grandmother, I am Little Red Riding Hood, bringing you cakes." But they remained still, and didn't open the door. After that, the wolf stayed by the house and managed to get on the roof. He waited until Little Red Riding Hood returned home in the evening, intending to jump down on her and eat her up in the darkness.

-Trae una olla, Caperucita Roja -dijo-. "Ayer cociné salchichas, llenó la gran olla con agua y unas cuantas salchichas, y las puso a hervir. El olor de las salchichas llegó hasta el buen olfato del lobo, que intentó descender por la chimenea, pero no puedo sujetarse y calló dentro de la gran olla que tenía agua hirviendo, y allí murió al instante. Y Caperucita Roja y su abuela pudieron vivir felices y tranquilas desde ese momento.

But the grandmother realized what he was planning. There was a big stone trough in front of the house and the grandmother said to the child, "Little Red Riding Hood, I was boiling sausages yesterday, so take the bucket, carry away the water they were boiled in, and pour it into the trough." And Little Red Riding Hood did so and the large trough filled up. When the smell of the sausages reached the wolf's nose he sniffed, looked around, and stretched out his neck so far that he lost his balance and began to fall, and he slipped down from the roof straight into the huge trough, and drowned.

Then Little Red Riding Hood went home happily and came to no harm.

FIN

THE END

Había un molinero que, al morir, dejó a sus tres hijos como única herencia su molino, su burro y su gato. El reparto fue simple y no fue necesario llamar ni al abogado ni al notario, que habrían consumido todo el pobre patrimonio.

El mayor recibió el molino y el segundo se quedó con el burro; el hermano menor, a quien tocó sólo el gato, se lamentaba de su mísera herencia:

—Mis hermanos —decía— podrán ganarse la vida convenientemente trabajando juntos. Pero lo que es yo, después de comerme a mi gato y de hacerme un par de guantes con su piel, me moriré de hambre sin remedio.

There was a miller who, when he died, left his three sons a mill, an ass, and a cat. They were soon divided without the help of an attorney or notary, who would have eaten up the entire paltry estate. The eldest had the mill, the second the ass, and the youngest received only the cat.

The poor young fellow was quite miserable about having such a poor lot.

"My brothers," he said, "can earn a living well enough by joining their assets together, but for my part, once I've eaten my cat and made a muff out of his skin, I will die of hunger."

El gato escuchaba estas palabras pero se hacía el desentendido. De pronto le dijo a su amo, en tono serio y pausado:

—No os aflijáis, mi señor. Tan sólo proporcionadme una bolsa y un par de botas para andar por entre los matorrales, y veréis que vuestra herencia no resulta tan pobre como ahora pensáis.

Aunque al oír esto el amo del gato no se hizo grandes ilusiones, lo había visto dar tantas muestras de agilidad y astucia para cazar ratas y ratones, como colgarse de los pies o esconderse en la harina haciéndose

el muerto, que abrigó alguna esperanza de verse socorrido por él en su miseria.

The cat heard all this but pretended he hadn't, and said solemnly and seriously, "Don't worry, good master. All you have to do is give me a bag, and get a pair of boots made for me, so that I can run around in the dirt and the brambles, and you'll see that you don't have as bad a deal as you thought."

The cat's master didn't set much store by what he'd said, but he had often seen him play some cunning tricks on rats and mice to catch them. For example, he used to hang by his heels, or hide himself in grain, and pretend to be dead, so he did start to feel the cat might be able to help him in this miserable situation.

Cuando el gato obtuvo lo que había pedido, se colocó las botas y se echó la bolsa al cuello, sujetándose los cordones de ésta con las dos patas delanteras. Luego se dirigió a un campo donde había muchos conejos. Puso afrecho y hierbas en su saco y, tendiéndose en el suelo como si estuviese muerto, aguardó a que algún conejo, poco versado aún en las trampas de este mundo, viniera a meter su hocico en la bolsa para comer lo que había dentro. Apenas se había recostado el gato cuando vio cumplido su plan, pues un atolondrado conejito se metió en el saco. Entonces, sin vacilar, el maestro gato, tirando de los cordones, lo encerró y lo mató sin misericordia.

When the cat had been given what he'd asked for, he put his boots on, With his bag over his head, he held the straps in his two front paws, and went out to a warren where there were many, many rabbits. He put bran and herbs in his bag and, stretching himself out as if he were dead, he waited for some young rabbit, one who wasn't yet familiar with the ways of the world, to try and help itself to what he had put in his bag.

He'd barely been lying down for a moment when he had what he wanted: a rash and foolish young rabbit jumped into the bag, and Mr Puss immediately closed the strings, took the rabbit and killed it without mercy.

Muy ufano con su presa, fuese donde el rey y pidió hablar con él. Lo hicieron subir a los aposentos de Su Majestad, donde al entrar hizo el gato una elegante reverencia ante el rey, y le dijo:

—He aquí, Majestad, un conejo de campo que mi señor, el Marqués de Carabás —había inventado ese nombre para su amo—, me ha encargado obsequiaros de su parte.

—Puedes decirle a tu amo —respondió el rey— que se lo agradezco y que su regalo me agrada mucho.

Proud of his prey, he took it to the palace and asked to speak to His Majesty. He was shown upstairs into the king's apartment and, making a low bow, said to him, "Sir, I have brought you a rabbit from my noble lord the Marquis of Carabas's warren" (for that was the title which Puss had chosen to give his master) "and he has commanded me to present it to Your Majesty from him."

"Tell thy master," said the king, "that I thank him, and that this gives me a great deal of pleasure."

En otra ocasión el gato se ocultó en un trigal, dejando como siempre su saco abierto; y cuando en él entraron dos perdices, tiró de los cordones y las cazó a ambas. Fue enseguida a ofrecerlas al rey, tal como había hecho con el conejo de campo. El rey recibió también con agrado las dos perdices, y ordenó que le diesen de beber al emisario del Marqués de Carabás.

n another occasion, he went and hid himself among some standing corn, with his bag open and, when a brace of partridges ran into it, he pulled the strings and trapped them both. He went and made a present of these to the king, as he had done before. The king in like manner received the partridges with great pleasure, and ordered that the Marquis of Carabas's emissary be given something to drink.

El gato continuó así durante dos o tres meses, llevándole de vez en cuando al rey productos de caza de parte de su amo. Un día supo que el rey iría a pasear a orillas del río con su hija, de quien se decía que era la princesa más hermosa del mundo.

—Si queréis seguir mi consejo —dijo el gato a su amo—, vuestra fortuna está hecha. Sólo tenéis que bañaros en el río, en el sitio que yo os indicaré, y de lo demás me encargaré yo.

The cat continued in this way for two or three months, taking the king game in his master's name. One day in particular, when he knew for certain that the king was to take the air down by the river with his daughter, the most beautiful princess in the world, he said to his master:

"If you follow my advice, your fortune will be made. All you have to do is go and wash yourself in the river, where I show you to, and leave the rest to me."

El supuesto Marqués de Carabás hizo lo que su gato le aconsejaba, sin imaginar de qué podría servirle aquello. Mientras se estaba bañando, pasó por ahí el rey, y en ese momento el gato se puso a gritar con todas sus fuerzas:

—¡Socorro, socorro! ¡El señor Marqués de Carabás se está ahogando!

The 'Marquis of Carabas' did what the cat advised him to, without knowing the whys or wherefores.

While the marquis was washing, the king passed by, and the cat began to cry out, as loud as he could, "Help, help, my lord Marquis of Carabas is drowning."

Al oír los gritos, el rey asomó la cabeza por la portezuela de su carroza y, reconociendo al gato que tantas veces le había llevado sabrosas piezas de caza, ordenó a sus guardias que acudieran sin dilación a socorrer al Marqués de Carabás. Mientras sacaban del río al pobre hijo del molinero, el gato se acercó a la carroza y le explicó al rey que unos ladrones se habían llevado todas las ropas de su amo mientras éste se bañaba (el pícaro del gato las había escondido bajo una enorme piedra), y que de nada había servido que el Marqués y él mismo gritaran "¡al ladrón!" con toda la fuerza de sus pulmones.

El rey ordenó a los encargados de su guardarropa que sin demora fuesen al palacio en busca de las más bellas vestiduras para el señor Marqués de Carabás.

As he heard this, the king put his head out of his coach window and, finding it was the cat who'd so often brought him such good food, he ordered his guards to go immediately to help his lordship, the Marquis of Carabas.

While they were pulling the poor marquis out of the river, the cat came up to the coach and told the king that while his master was washing some thieves came by and they went off with his clothes even though he'd shouted "Thieves, thieves," several times, as loudly as he could. The cunning cat had hidden the clothes under a large stone. The king immediately ordered the officers of his wardrobe to run and fetch one of his best suits for the lord Marquis of Carabas.

Luego el rey le hizo mil atenciones, y como el hermoso traje que le acababan de dar realzaba su figura, ya que el joven era apuesto y bien formado, la hija del rey lo encontró muy de su agrado. Bastó que el Marqués de Carabás le dirigiera dos o tres miradas sumamente respetuosas, aunque disimuladamente tiernas, para que la muchacha se enamorara perdidamente de él.

El rey lo invitó a que subiera a su carroza y lo acompañara en el paseo. El gato, encantado al ver que su proyecto empezaba a dar resultado, se adelantó a la comitiva y, encontrando un poco más allá a unos campesinos que segaban un prado, les dijo:

—Buenos segadores, si no decís al rey que el prado que estáis segando pertenece al Marqués de Carabás, os haré picadillo como carne de budín.

The king welcomed the marquis with great kindness, and the elegant clothes he'd given him set off his fine features very well (for he was handsome both in face and in person). The king's daughter took a secret liking to him, and the Marquis of Carabas had no sooner looked at her tenderly a couple of times than she fell madly in love with him. The king invited him to climb into his coach and join them as they took the air. The cat, quite overjoyed to see his plans succeeding, marched on in front of the carriage and, coming across some peasants who were mowing a meadow, he said to them:

"Good people, mowers, if you don't tell the king that the meadow you mow belongs to my lord Marquis of Carabas, you'll be chopped up like mince-meat."

Por cierto que el rey preguntó a los segadores a quién pertenecía ese prado que estaban segando.

—Al señor Marqués de Carabás —dijeron a una sola voz, puesto que la amenaza del gato había surtido efecto.

—Tenéis aquí una hermosa heredad —dijo el rey al Marqués de Carabás.

—Veréis, Majestad, es una tierra que produce con abundancia todos los años.

The king did, of course, ask the mowers who owned the meadow they were mowing.

"To my lord Marquis of Carabas," they all answered together, because the cat's threats had scared them.

"Truly a fine estate," said the king to the marquis of Carabas.

"You see, sir," said the marquis, "this meadow never fails to yield a plentiful harvest every year."

El maestro gato, que iba siempre delante, encontró luego a unos campesinos que cosechaban, y les dijo:

—Buena gente que estáis cosechando, si no decís que todos estos campos pertenecen al Marqués de Carabás, os haré picadillo como carne de budín.

Momentos después pasó por allí el rey, y quiso también saber a quién pertenecían los campos que veía.

—Son del señor Marqués de Carabás —contestaron los campesinos, y nuevamente el rey felicitó al Marqués.

The cat, who still walked ahead of the carriage, came across some peasants who were reaping, and said to them:

"Good people, reapers, if you don't tell the king that all this corn belongs to the marquis of Carabas, you shall be chopped up like mince-meat."

The king, who passed by a moment later, wanted to know who all the corn belonged to. "To my lord Marquis of Carabas," replied the reapers, and the king once again congratulated the marquis.

El gato, que seguía delante de la carroza, iba diciendo siempre lo mismo a todos cuantos encontraba, de modo que luego el rey se mostraba verdaderamente asombrado ante las innumerables riquezas que poseía el señor Marqués de Carabás.

Finalmente el maestro gato llegó frente a un hermoso e imponente castillo. Su dueño era el ogro más rico y poderoso del que jamás se hubiera tenido noticia, pues todas las tierras por donde había pasado la comitiva real pertenecían, en realidad, a este castillo.

The cat, who always walked ahead of the carriage, said the same words to all he met, and the king was astonished at the vast estates of my lord Marquis of Carabas.

Mr Puss came at last to a stately castle ruled by an ogre, indeed the richest ogre ever been known, because all the lands the king had travelled through belonged to this castle.

El gato, que tuvo la precaución de informarse acerca de quién era este ogro y de ciertos prodigios que era capaz de hacer, solicitó hablar con él, diciendo que no había querido pasar tan cerca de su castillo sin tener el honor de hacerle una reverencia. El ogro lo recibió en la forma más cortés que puede hacerlo un ogro, y tras beber una copa de vino lo invitó a descansar.

—Me han asegurado —dijo de pronto el gato— que vos tenéis el don de convertiros en cualquier clase de animal. Que podéis, por ejemplo, transformaros en un león o en un elefante.

—Cierto es —respondió el ogro con brusquedad—, y para demostrarlo os haré ver cómo me convierto en león.

The cat, who had taken care to find out who this ogre was and what he could do, asked to speak with him, saying he could not pass so near his castle without having the honor of paying his respects.

The ogre received him as politely as an ogre could, and invited him to sit down.

"I have been assured," said the cat, "that you have the gift of being able to change yourself into any creature you wish, that you can, for example, transform yourself into a lion, or an elephant for example."

"This is true," answered the ogre very briskly, "and to convince you, you'll see me turn into a lion."

Tanto se asustó el gato al ver ante sus narices a un león melenudo y rugiente, que en un abrir y cerrar de ojos se trepó a las canaletas del techo, no sin riesgo a causa de las botas, que no eran lo más apropiado para andar por los tejados.

Un rato después, viendo que el ogro había recuperado su forma habitual, bajó y confesó a su anfitrión que había tenido realmente mucho miedo.

Puss was so terrified at the sight of a lion so near him that he jumped up to the roof's gutter straightaway, but this brought him trouble and danger because of the boots he was wearing, which weren't great for walking on tiles. A little while later, when Puss saw that the ogre had returned to his natural form, he got down and admitted he had been very scared.

—Me han asegurado además —agregó el gato—, pero esto sí que no puedo creerlo, que vos tenéis asimismo el poder de transformaros en el más pequeño de los animales; por ejemplo, que podéis convertiros en un ratón. Os confieso que esto sí que me parece imposible.

—¿Imposible? —repuso el ogro—. Ya lo veréis.

Y al decir esto se transformó en un ratón que se lanzó a corretear por el piso.

"What's more, I've been informed," said the cat, "but I don't know if I believe it, that you also have the power to take on the shape of the smallest animals, a rat or a mouse for example, but I must admit I think this is probably impossible."

"Impossible?" cried the ogre. "You'll see soon enough." Then he turned himself into a mouse and began running around the floor.

Ni corto ni perezoso, el gato se le echó encima y de un solo bocado se lo tragó.

As soon as Puss saw this, he jumped on him and ate him.

Entretanto el rey, que al pasar por esos parajes había visto el hermoso castillo del ogro, quiso entrar en él. Al oír el ruido del carruaje que atravesaba el puente levadizo, el gato corrió adelante y le dijo al rey:

—Vuestra Majestad sea bienvenida al castillo del señor Marqués de Carabás.

—¡Cómo, señor Marqués! —exclamó el rey—. ¡También este castillo os pertenece! Nada he visto más bello que este patio y todos estos majestuosos edificios que lo rodean. Hacedme el favor de mostrármelopordentro.

Meanwhile the king who saw the ogre's fine castle as he passed by, decided to stop and go in. Puss, who heard the noise of his majesty's coach coming over the drawbridge, ran out and said to the king:

"Your Majesty is most welcome to this castle of my lord Marquis of Carabas."

"What! My lord Marquis?" cried the King, "does this castle also belong to you? There's nothing finer than this courtyard and all the stately buildings surrounding it. Let's go in, if you don't mind."

El Marqués ofreció su mano a la joven princesa y, siguiendo al rey que iba primero, entró con ella a una gran sala donde encontraron servida una magnífica cena. El ogro la había mandado preparar para unos amigos suyos que vendrían a visitarlo ese mismo día; éstos, sin embargo, no se habían atrevido a entrar al saber que el soberano se encontraba allí.

The marquis held his hand out to the princess, and followed the king who entered first. They passed into a spacious hall where they found a magnificent feast which the ogre had prepared for friends who were visiting him that very day, but they didn't dare to enter knowing the king was there.

El rey, encantado con todas las buenas cualidades del señor Marqués de Carabás —al igual que su hija, quien ya estaba loca de amor por él—, y observando además los valiosos bienes que poseía, le dijo al joven, después de haber bebido cinco o seis copas:

—Sólo dependerá de vos, señor Marqués, que seáis mi yerno.

El Marqués, haciendo grandes reverencias, aceptó el honor que le hacía Su Majestad, y ese mismo día se desposó con la princesa. A su lado, el gato se convirtió en un gran señor, y si alguna vez volvió a correr tras las ratas no lo hizo sino como diversión.

His majesty was completely taken in by the good qualities of my lord Marquis of Carabas, as was his daughter who had fallen head over heels in love with him. And seeing the vast estate he possessed, after five or six drinks, he said to him:

"It's up to you of course, my lord Marquis, but I want you to be my son-in-law."

The Marquis bowed several times, accepted the honor which his majesty conferred on him, and married the princess the very same day.

Puss became a great lord, and thereafter only chased after mice for fun.

FIN

THE END

Había una vez tres cerditos que eran hermanos y se fueron por el mundo a conseguir fortuna. El más grande les dijo a sus hermanos que sería bueno que se pusieran a construir sus propias casas para estar protegidos. A los otros dos les pareció una buena idea, y se pusieron manos a la obra, cada uno construyó su casita.

Once upon a time there were three little pigs who went out into the world to make their fortune.

- La mía será de paja - dijo el más pequeño-, la paja es blanda y se puede sujetar con facilidad. Terminaré muy pronto y podré ir a jugar. El hermano mediano decidió que su casa sería de madera:

- Puedo encontrar un montón de madera por los alrededores - explicó a sus hermanos, - Construiré mi casa en un santiamén con todos estos troncos y me iré también a jugar.

The first little pig was very lazy. He didn't want to work at all and he built himself a house of straw. The second little pig worked a little bit harder but he was a bit lazy too and he built himself a house of sticks

El tercer cerdito que era el más trabajador, decidió que lo mejor era construir una casa de ladrillos. Le tomaría casi un día terminarla, pero estaría más protegido del lobo. Incluso pensó en hacer una chimenea para azar las mazorcas de maíz que tanto le gustaban.

The third little pig worked hard all day and built his house with bricks. It was a sturdy house, complete with a fine fireplace and chimney. It looked like it would stand up to the strongest of winds.

Cuando las tres casitas estuvieron terminadas, los cerditos cantaban y bailaban en la puerta, felices por haber acabado con el problema:

-¡Quién teme al Lobo Feroz, al Lobo, al Lobo!

- ¡Quién teme al Lobo Feroz, al Lobo Feroz! Detrás de un árbol grande apareció el lobo, rugiendo de hambre y gritando:

- Cerditos, ¡me los voy a comer!

The next day, a wolf happened to go down the lane where the three little pigs lived and he saw the straw house. He also smelled the pig inside. He thought the pig would make a fine meal and his mouth began to water.

So, he knocked on the door and said:

"Little pig! Little pig! Let me in! Let me in!"

Cada uno se escondió en su casa, pensando que estaban a salvo, pero el Lobo Feroz se encaminó a la casita de paja del hermano pequeño y en la puerta aulló:

- ¡Cerdito, ábreme la puerta!

- No, no, no, no te voy a abrir. - Pues si no me abres… ¡Soplaré y soplaré y la casita derribaré! Y sopló con todas sus fuerzas, sopló y sopló y la casita de paja se vino abajo.

El cerdito pequeño corrió lo más rápido que pudo y entró en la casa de madera del hermano mediano.

But the little pig saw the wolf's big paws through the keyhole, and he answered back:

"No! No! No! Not by the hairs on my chinny chin chin!"

Then the wolf showed his teeth and said:

"Then I'll huff, and I'll puff, and I'll blow your house down."

And he huffed and he puffed and he blew the house down! The wolf opened his jaws very wide and bit down as hard as he could, but the first little pig managed to escape and ran away to hide with the second little pig.

- ¡Quién teme al Lobo Feroz, al Lobo, al Lobo! - ¡Quién teme al Lobo Feroz, al Lobo Feroz! - cantaban desde dentro los cerditos.

De nuevo el Lobo, más enfurecido que antes al sentirse engañado, se colocó delante de la puerta y comenzó a soplar y soplar gruñendo:

- ¡Cerditos, abridme la puerta! - No, no, no, no te vamos a abrir. - Pues si no me abrís...

¡Soplaré y soplaré y la casita derribaré! La madera crujió, y las paredes cayeron y los dos cerditos corrieron a refugiarse en la casa de ladrillo de su hermano mayor.

The wolf continued down the lane and he passed near the second house which was made of sticks. He saw the house, and he smelled the pigs inside, and his mouth began to water as he thought about the fine dinner they would make.

So, he knocked on the door and said:

"Little pigs! Little pigs! Let me in! Let me in!"

But the little pigs saw the wolf's pointy ears through the keyhole, and they answered back:

"No! No! No! Not by the hairs on our chinny chin chin!"

Then the wolf showed his teeth and said:

"Then I'll huff, and I'll puff, and I'll blow your house down."

So, he huffed and he puffed and he blew the house down! The wolf was greedy and he tried to catch both pigs at once but, because he was too greedy, he didn't catch either of them! His big jaws clamped down on nothing but air and the two little pigs scrambled away as fast as their little hooves would carry them.

The wolf chased them down the lane and almost caught them but they made it to the brick house and slammed the door closed just in time before the wolf caught up with them.

- ¡Quién teme al Lobo Feroz, al Lobo, al Lobo!

- ¡Quién teme al Lobo Feroz, al Lobo Feroz! - cantaban desde dentro los cerditos. El lobo estaba realmente enfadado y hambriento, y ahora deseaba comerse a los Tres Cerditos más que nunca, y frente a la puerta dijo:

- ¡Cerditos, abridme la puerta!

- No, no, no, no te vamos a abrir.

- Pues si no me abrís… ¡Soplaré y soplaré y la casita derribaré!

Y se puso a soplar tan fuerte como el viento de invierno. Sopló y sopló, pero la casita de ladrillos era muy resistente y no conseguía derribarla.

The three little pigs were very frightened because they knew the wolf wanted to eat them. He certainly did! The wolf hadn't eaten all day and he had worked up quite an appetite chasing the pigs around, and now he could smell all three of them inside the house and he knew that the three little pigs would make a lovely feast.

So, the wolf knocked on the door and said:

"Little pigs! Little pigs! Let me in! Let me in!"

But the little pigs saw the wolf's narrow eyes through the keyhole, and they answered back:

"No! No! No! Not by the hairs on our chinny chin chin!"

So the wolf showed his teeth and said:

"Then I'll huff, and I'll puff, and I'll blow your house down."

Well! He huffed and he puffed. He puffed and he huffed. And he huffed, huffed, and he puffed, puffed, but he could not blow the house down. At last, he was so out of breath that he couldn't huff or puff anymore. So, he stopped to rest and thought a bit.

Decidió trepar por la pared y entrar por la chimenea.

Se deslizó hacia abajo… Y cayó en el caldero donde el cerdito mayor estaba hirviendo sopa de nabos. Escaldado y con el estómago vacío salió huyendo hacia el lago. Los cerditos no lo volvieron a ver.

El mayor de ellos regañó a los otros dos por haber sido tan perezosos y poner en peligro sus propias vidas, y si algún día vais por el bosque y veis tres cerdos, sabréis que son los Tres Cerditos porque les gusta cantar:

- ¡Quién teme al Lobo Feroz, al Lobo, al Lobo!

- ¡Quién teme al Lobo Feroz, al Lobo Feroz!

This was too much for him to bear. The wolf danced about with rage and swore he would come down the chimney and eat up the little pigs for his supper. While he was climbing on to the roof, one little pig made up a blazing fire and put a big pot of water on to boil. Then, just as the wolf was coming down the chimney, the little pig took off with the lid, and plop! The wolf fell into the scalding water.

Then the little pig put the cover on the pot again, boiled the wolf up, and the three little pigs ate him for supper instead. Then, they sang and danced and played together for the rest of the day.

FIN

THE END

CONCLUSION

Reading is a magical activity that can transport you to wonderful places and faraway lands without having to leave your home. We truly hope that this book was able to do that for you. Even more importantly, we hope you were able to improve your second language skills at the same time.

Before we bid our farewells, here is a short checklist for you:

- Did you feel that your reading skills in Spanish/English improved as you read the fairy tales?
- Did the audio help you enhance your listening skills in either Spanish or English?
- Were you able to follow along to the words to practice your pronunciation?

We certainly hope you did. Even more importantly, we hope you had a wonderful time reading the fairy tales and listening to the narration.

Finally, we hope this book has enriched your reading life and pushed you towards even more reading adventures. It will be of great help in polishing your Spanish or English language skills.

If you found this book to be helpful, you can support it by leaving a review on Amazon. Your feedback is truly appreciated and valued.

If you need more help with learning Spanish, please visit http://www.mydailyspanish. com. There are so many great materials there waiting for you to discover them. Whether it help with grammar, vocabulary, or Spanish culture and travel, We'll always be here to help.

Thank you,

My Daily Spanish Team

HOW TO DOWNLOAD THE AUDIO?

Please take note that the audio are in MP3 format and need to be accessed online. No worries though; it's quite easy! Simply follow the instructions below. It will teach you the steps on where and how to download this book's accompanying audio.

On your computer, smartphone, iphone/ipad or tablet, go to this link:

https://mydailyspanish.com/download-fairy-tales-mp3/

Do you have any problems downloading the audio? If you do, feel free to send an email to support@mydailyspanish.com. We'll do our best to assist you, but we would greatly appreciate if you thoroughly review the instructions first.

Thank you,

My Daily Spanish Team

MyDailySpanish.Com believes that Spanish can be learned almost painlessly with the help of a learning habit. Through its website and the books and audiobooks that it offers, Spanish language learners are treated to high quality materials that are designed to keep them motivated until they reach their language learning goals. Keep learning Spanish and enjoy the learning process with books and audio from My Daily Spanish.

MyDailySpanish.com is a website created to help busy learners learn Spanish. It is designed to provide a fun and fresh take on learning Spanish through:

- Helping you create a daily learning habit that you will stick to until you reach fluency, and

- Making learning Spanish as enjoyable as possible for people of all ages.

With the help of awesome content and tried-and-tested language learning methods, My Daily Spanish aims to be the best place on the web to learn Spanish.

The website is continuously updated with free resources and useful materials to help you learn Spanish. This includes grammar and vocabulary lessons plus culture topics to help you thrive in a Spanish-speaking location – perfect not only for those who wish to learn Spanish, but also for travelers planning to visit Spanish-speaking destinations.

For any questions, please email support@mydailyspanish.com.